U0079671

散戶媽媽的 **5** 堂

K線

存股課

周詩婷◎著

 **推薦序**

能靠別人出錢養小孩
那就再好不過了！

暢銷股票書作者 ‧ 不敗教主／陳重銘

2015 年我的第一本理財書《6 年存到 300 張股票》推出後，很高興接受了周小姐的訪問，當時懷孕中大腹便便的周小姐，認真賣力工作的景象，給我十分深刻的印象。家裡要迎接一個小寶貝，固然欣喜，但是背後的錢坑也頗為恐怖。

根據專家的統計，將一個小孩養育成人，生活費加上學費，大約需要 600 ～ 1000 萬。因此現在很多的年輕人，自認為「生不起、養不起」，也就斷了生育小寶貝的念頭，直接導致台灣目前的少子化危機。

其實小孩子也不完全是只會花錢的「負債」，看著臉書上周小姐女兒的可愛模樣，不僅可以增加家庭的喜樂氣氛，將來長大後還會報答父母，這又是一項長長久久的「資產」了！但是現實問題擺在眼前，小孩的奶粉跟尿布錢、未來的學費，要從哪裡來？**如果可以靠別人出錢來幫我養小孩，那該有多好？**

　　2016 年 6 月 8 日中信金（2891）爆發出弊案疑雲，遭受到檢調的大規模搜索，我評估後認為影響不大，也在個人的粉絲團發表心得。周小姐不愧是財經記者，除了有專業知識判斷之外，良好的心理素質讓她抓住「危機入市」的大好機會，低價買進中信金，不費吹灰之力又賺進了不少的奶粉錢。

　　一般的小資上班族，如果想要改變「為五斗米折腰」的人生，除了努力開源跟節流之外，最重要的還是創造「被動收入」，也就是「不需要靠自己勞力的收入」。**被動收入就如同是一隻金雞母，可以不停地幫你下金雞蛋，讓你從辦公室解放出來，提早獲得自由。**

　　拿我最近幾年認真存下的 300 多張中信金股票為例，2016 年就貢獻給我約 80 萬的股利，這顆股利金雞蛋，就是我現在養兒育女的最佳幫手。我投資股票超過 20 年，每一檔我辛苦存下的績優股票，都是我的金雞母，只要我認真存下 10 隻金雞母，就可以享受「睡覺睡到自然醒、數錢數到手抽筋」的退休生活。

　　但是要先提醒一下讀者，股票市場絕對不是只有金雞母的光明面，它依然有「吃人不吐骨頭」的黑暗面。因此，在投資股票之前，誠心地建議大家要勤做閱讀，從書中學習高手的智慧與經驗，不僅可以減少走冤枉路的虧損，也可以加快股票資產的累積速度，「書中自有黃金屋」，絕

對是真理。身為財經記者的周小姐，採訪過無數的投資高手，如今將高手們的武功心法，去蕪存菁之後集結成一冊，就是小資上班族，創造被動收入達到財務自由的最佳武功秘笈。

我身為一個教師，漸漸地有一個感慨，現在的人越來越不愛讀書，出版業也越來越蕭條。每次我經過夜市，雞排店前是大排長龍，電影院前也是人聲鼎沸；對比的是卻是書店的結帳櫃台前，真的可以用「門可羅雀」來形容啊！

同樣的一筆錢，唯有放在對的地方才叫作投資。舉例來說，一本理財書的售價跟一張電影票差不多，看電影你頂多開心 2 個鐘頭，然後就是「揮一揮衣袖，不帶走一片雲彩」，不會改變你什麼。買理財書回家後，卻還要花上數十個鐘頭來閱讀，更要花 10 年、20 年來堅持投資，但是幫你開啟了「財務自由」的大門，未來的人生有了無限的可能。

同樣的一筆錢，買進電影票，你是在投資電影公司，讓大明星提早享受人生；為何不能拿來投資自己呢？

人只能活一次，想要提早自由自在、樂活人生，請記住一定要先「投資自己」。「書中自有黃金屋」，請你一定要牢記這句話。

「判斷，現在比任何時候都重要……

今天，我們幾乎在片刻之內就會知道所有資訊，

每一個人大致都在相同的時間得到相同的資訊，

判斷，就成了賺或賠的關鍵。」

投資大師 吉姆・羅傑斯（Jim Rogers），2013

Contents

推薦序　能靠別人出錢養小孩。
那就再好不過了！　002

前　言　當人生需要喘息或被迫暫停時，
股票就是我最好的後盾！　012

新手入門10個基礎知識
教你股海生存第一步

1　你是在「二手市場」跟別的投資人買股票　022

2　每張 1,000 股，股價是指 1 股的價格　023

3　電子化的現在，股票不能當壁紙了　024

4　買賣後兩個交易日，才是收付錢的日子　025

5　買賣都要付手續費，賣股得再多付證交稅　027

6　盤中、盤後、零股交易時間有所不同　030

7　散戶買股通常有兩種：上市與上櫃　032

8　當股東與債主，不同在於……　035

9　股票分類法：資本大小、所屬產業　039

10　有種懶人投資法，用 ETF 避開個股風險　041

影響台股漲跌10大重點
你最好早點知道

1 台股加權指數：就是常聽到的「大盤」   **046**

2 MSCI 台股指數：調整成份股時要注意   **055**

3 外資買賣超排行榜：可以參考，別完全照買   **061**

4 董監事改選行情：獲利了結好時機   **068**

5 集團股：會交叉持股，常一榮俱榮、一損俱損 **074**

6 景氣循環股：趨勢走長線，最好順勢而為   **079**

7 產業龍頭股：壟斷或寡占，才是真龍頭   **081**

8 最大笨蛋理論：小心別「最後」才進入股市   **084**

9 別問哪種方法賺最多，要想哪種方法適合我   **091**

10 定存股：想賺股利，也得你自己沉得住氣   **095**

Contents

Chapter 3

不想遇到地雷股
就得先看基本面

1　基本面：股價上漲最基本的理由　　　　　　　　　　　**100**

2　財務報表：避開地雷的第一道防護　　　　　　　　　　**104**

3　財報公布時別急著買，因它反映的是過去績效　**110**

4　公司生意好壞，別只看數字，要看成長率　　　**111**

5　看到利多消息，要假設自己是最後知道的人　　**114**

6　公司獲利看 EPS，股價貴俗看本益比　　　　　**118**

7　毛利須扣掉管銷成本，淨利得注意業外損益　　**121**

8　ROA、ROE 看出公司賺錢效率　　　　　　　　**125**

9　現金殖利率越高越好，但得多看幾年比較安全　**128**

10　不只要看配股配息，也要看能否「填權息」　　**133**

 Chapter 4 **買賣點決定獲利 K線指標是好幫手**

1　成交量要跟價格一起看，高點沒量容易跌　　**142**

2　趨勢盤整別交易，型態認 M、W 找轉折　　**148**

3　均線排列順序能看趨勢，交叉可知轉折　　**154**

4　葛蘭碧八大法則，觀察股價與線的關係　　**160**

5　一個 K 棒看顏色與形狀，透露多空勢力　　**163**

6　KD 值找買賣點，小於 20 就買，大於 80 就賣　**171**

7　RSI 小於 20 代表市場過冷，大於 80 則是過熱　**178**

8　MACD 指標快慢線交叉，表示股價有轉折　　**181**

Contents

Chapter 5　散戶媽媽的實戰經驗分享

💰 我的投資 SOP

Step 1　找到好公司，先收進口袋名單　　186
Step 2　用基本面確認它真的是好股票　　189
Step 3　只用少量技術指標判斷股價　　191
Step 4　用買進理由決定停損與停利時機　　194
Step 5　只有反省檢討才有進步空間　　197

10 檔口袋名單與操作心得

華　　票（2820）：價格抗跌的入門好股票　　**200**

國泰金（2882）：目前股價稍高，暫不買進　　**202**

中信金（2891）：別人恐懼時我貪婪　　**204**

中華電（2412）：雖抗跌，卻也同樣「抗漲」　　**206**

台積電（2330）：難等便宜價，但可賺價差　　**208**

居　　易（6216）：交易量小，難買也難賣　　**211**

茂　　順（9942）：好公司，可等待低價進場　　**214**

卜　　蜂（1215）：股價已高，目前不適買進　　**216**

聚　　陽（1477）：殖利率有 6%，漲勢亦可期　　**218**

群　　聯（8299）：目標價是跌破半年線　　**221**

前言
當人生需要喘息或被迫暫停時 股票就是我最好的後盾！

2016 年 11 月 8 日美國總統大選結果尚未底定，台股先大跌 274 點，在 K 線圖上留下一根超長的黑 K 棒。我在收盤時以 182 元買進台積電（2330），隔天盤中漲到 187 元時賣出，兩個交易日賺進 5 元價差，去年台積電的現金股利也才 6 元而已。

當天我也以 39.1 元買了國泰金（2882），但沒有隔天馬上賣出，而是在 11 月 14 日漲到 46.1 元時脫手，4 個交易日賺到 7 元價差，而國泰金的現金股利才 2 元而已。

如果要算報酬率，台積電是 2.7%，國泰金是 17.9%，但對小散戶來說，最開心的還是實實在在地賺到這 5 元與 7 元價差，**這個月我可以不靠工作收入，就能支付小孩的保母費跟日常開支。**

不求提早退休，只求兩個月「不用工作」

我成長的年代，因為台股指數曾經上萬點，有人荒廢工作炒股炒到一無所有，身邊的大人多少會透露出「股票

碰不得」的態度，以及靠勞力與腦力賺取生活所得才是正
途的觀念。

　　可是生下孩子之後，我很慶幸我學了交易股票的各種
知識，讓我能在家專心照顧小孩半年，除了積蓄，還能靠
看盤賺點外快（真的變成菜籃族了），不用為了拿錢看老
公臉色。我開始思考，**每個人都有不想或無法工作，但又
不願意生活品質下降的時候，運用股票知識多增加一點收
入，人生不就又多了幾天的自由？**

　　所以，我學習股票知識的動機不是「提早 10 年退休」
這種遠大的目標，但是如果一年有 10 萬元的收入來自「被
動所得」，那不就等於一年至少有兩個月可以不用工作了
嗎？

一本只要會加減乘除就能懂的股票書

　　但市面上股票書這麼多了，哪裡還差我這一本呢？

　　有一天我在臉書上和哥哥聊天，我跟他說：如果你有
錢的話，也可以買支股票。但是他認為股票太深奧了，不
是他這樣的人能懂的。

　　我聽了很難過，覺得如果有一本簡單到只要學過加減
乘除就能懂的股票知識書，那不是很好嗎？

　　我自己是中文系畢業的，念中文系是因為大學聯考數

學不到 20 分，而那一年低標還有 60 分呢！選填志願時我心裡只有一個想法，就是只要是不用碰到數學的科系就好，所以填了所有的文學院，最後上了中文系。

可惜出來江湖混，遲早都要還。出社會後我竟然輾轉成為商業書編輯，別說股票了，統計學、經濟學等等也必須懂，最後還是都得碰數學。

在做編輯的過程中我發展出對股票投資的興趣，並且發現，很多觀念都很簡單，只是**許多專家為了表現出他們的專業，或是為了故弄玄虛，往往會用深奧或無法馬上懂的術語來包裝某個概念**。正所謂「江湖一點訣，說穿了就不值錢」，比方說，什麼叫「低基期」股票？其實就是價格跌深了，現在跟之前的價格相比算是便宜。或是新聞說某金控「處分」了某檔股票，賣掉就賣掉為什麼要叫「處分」？

這些用語多少都會形成進入股市的障礙，因為已經有一堆股市生態要搞懂，再加上這些術語，任誰在辛苦工作一天後，都會想：算了，錢還是放銀行就好了吧。

我希望這本非常基礎的書，能成為進入股票世界的鑰匙，沒有難懂的術語，可以兩、三分鐘就理解一個觀念。或許在不知不覺中，就能把整本書看完，也不覺得股票有這麼難懂了。

不是給魚吃，而是教人如何釣魚

本書分成 5 個單元：「股票基礎知識」、「台股生態」、「基本面」、「K 線指標」與「選股」。但是主要的重點只有兩個：一是認識股票，二是在股市裡該如何判斷及該如何操作。

人往往是在接觸市場之後，才會知道自己屬於哪一種投資性格。而且大部分散戶的投資行為都差不多，股價狂跌就不敢買，股價飆漲就心癢難耐。就像我在台股大跌 274 點買進時，有朋友在臉書上提醒我應該多觀望幾天，還會再跌。隔天台股漲回來，他就自己刪掉留言了。因為我自己是散戶，我知道那種觀望到扼腕，或觀望到套牢是什麼滋味。我也知道很多人在觀望。有句話說「知己知彼，百戰百勝」，雖然在股市裡知己知彼，未必會百戰百勝，但是可以帶著清楚冷靜的腦袋瓜進場，就不容易做出錯誤的判斷。

所以這書不會報明牌？

不會。本書的目的是提供像我一樣的散戶，面對各種洶湧而來的資訊，知道如何看待與應對，是要教你如何釣魚，而不是餵你答案。

當然最後還是會有一個篇章，特別說明在眾多資訊中，我是如何選股以及進出場策略是什麼。但是等出版時這些

資訊早已成為歷史資料，只有參考價值，能不能照做還是要靠自己判斷。所有的股票書出版時，過去績效都已經過去，照著買不一定能獲得同等績效，我自己就曾經因為採訪之便，在雜誌出版前，買了達人報的明牌而套牢。

我也是散戶，只是愛研究、勤實驗

我也無法跟你保證照著做能有多少報酬率，只能說在我的套牢與賺錢經驗當中，已經為保護本金建立起幾道防線，努力達到少賠多賺的目標。

我自己最高的經驗是一檔股票從 39 元抱到 139 元賣掉，持股兩年獲利 256%；但也曾經把持不住，25 元買進的好股票，買後一路下跌到 18 元，回檔到 20 元時忍不住停損賣出，而一年後它漲到 45 元。這種追高殺低的行為不是散戶，什麼才是散戶呢？

那我跟一般散戶的差別在哪裡？

其實差別不大。我的工作剛好需要研究股票，加上我是一個喜歡做實驗的人，因為採訪與撰稿的工作接觸過一些投資的暢銷書作者，只要他們說的方法我認同，就會想要進場實驗看看。聽到明牌馬上去買這是一定要的，然後再視結果慢慢修正選股策略與交易方式。過程中有任何疑問，當然也會跟專家討教。

　　最重要的是，**市面上的達人都已經成為大戶了，這些大戶儘管不是巴菲特等級，其選股與交易邏輯也與散戶絕對不同。**我在實驗的過程中，了解到哪些建議可以用、哪些不能用。然後把摸索的心得寫成這本書，希望能幫助剛起步的小散戶快速了解股票的世界，尤其是沒有信心能了解股票的人，就連我數學聯考不到20分都行，你也一定行。

　　不過，為什麼一定要了解股票？

　　台灣60～70年代利率為12%，等於存100萬在銀行，一年可領12萬，存個500萬，一年就有60萬。在這樣時代的勞工，會存錢就綽綽有餘。

　　到了80年代，利率剩下6%，不過沒關係，此時經濟正在起飛，台灣錢淹腳目，拚一點存1,000萬，一年還是可以有60萬的利息。而到了90年代，利息卻只剩30萬。時序進入21世紀，利率越來越低。如今一年期定存的利率，平均只有1.035%，等於辛苦存1,000萬，一年利息只有10萬。想過一年60萬退休的日子，請準備好6,000萬銀子。

低利時代來臨，我用「投資」換自由

　　可是即便以主計處統計2015年的台灣薪資中位數40,853元來看，假設25歲工作到65歲，40年每個月都存下兩萬，也不過是960萬元，加計定存的複利一定會破千

萬，但距離能安穩退休還很遠。

上個世紀利率高自然有機會早退休，進入 21 世紀，每個人都被迫必須學會理財投資，才能買到自由的時間。

當然，投資的工具不光是股票而已，還有基金跟債券。可是算一下成本，還是股票最便宜。特別依照央行總裁的說法，台灣股票已經債券化。意思是債券利率低迷不振，資金轉向追求高殖利率股票，更流行的說法是「定存股」、「存好股」、「雪球股」。這代表在台灣，投資股票已經跟上個世紀以賺取價差為主流不同，如今是價值投資當道，把股票當債券般賺取年殖利率為風潮。這表示有一大群人在股市中尋覓的是可以「賺利息」的標的，而不是那種企圖一夜翻身、隔天馬上遞辭呈的投機機會。

既然已經有人找到，甚至能告訴別人該怎麼找，為什麼不學呢？

等等，雖然我舉利率演變為例，但我們的目標不該是存退休金（那應該永遠都起不了頭），而是運用投資知識換取自由的時間，就像我用 39 元的國泰金，換到一個月不用靠工作收入，就能支付所有的帳單。

從現在開始練習，試試看把某一年的年終獎金全部投入股市，假設一年能逮到兩次這樣的黑天鵝事件，讓你一年有兩個月可以不用靠工作所得過日子的話（當然這是虛擬的，現實生活中哪能真的不工作），慢慢地，或許會練

成一季、半年，甚至一整年。

　　有了這項「第二專長」，當人生需要喘息或暫停的時候——尤其是女性，生小孩真的會被迫暫停許多規劃，它將能成為你最好的後盾。

The No. 1 rule of the game is to stay in the game. 這（投資）遊戲最重要的一項規則，就是留在遊戲裡。

華爾街諺語

Chapter
1
新手入門
10個基礎知識
教你股海生存第一步

新手面對股票交易，內心總是怕怕的。先掌握有關股票的 10
個基礎知識，就能迅速掌握股票的樣貌與交易方式。

1　你是在「二手市場」跟別的投資人買股票

2　每張 1,000 股,股價是指 1 股的價格

3　電子化的現在,股票不能當壁紙了

4　買賣後兩個交易日,才是收付錢的日子

5　買賣都要付手續費,賣股得再多付證交稅

6　盤中、盤後、零股交易,時間有所不同

7　散戶買股通常有兩種:上市與上櫃

8　當股東與債主,不同在於⋯⋯

9　股票分類法:資本大小、所屬產業

10　有種懶人投資法,用 ETF 避開個股風險

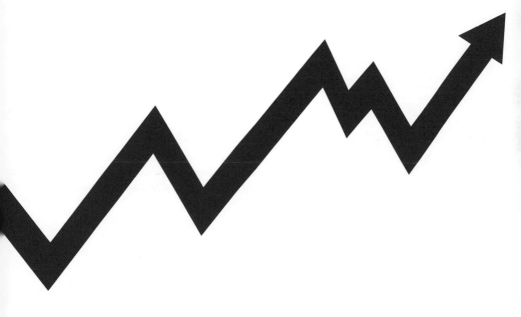

你是在「二手市場」
跟別的投資人買股票

　　就市場來說，股票有**一手市場**與**二手市場**，大部分小投資者參與的，都是股票的二手市場，即股東與股東之間的股票交易。也就是說，你是跟別的股東買股票，你購買股票的錢是進入別的股東口袋，不是進入企業的戶頭。

　　一手市場是所謂的 IPO（Initial Public Offering），指企業為了籌資，首次向公眾投資者發售新股，就投資人這一端而言，只會看到券商通知有某某股票可以參與新股抽籤。現在不管一手或二手都是透過網路交易，唯一的差別是二手市場在還沒買到之前，不用先拿出買價，但參加新股抽籤時，投資人必須先匯入買價與手續費，等待抽籤結果出爐後，如果沒抽到的人，會將買價退回。

企業 IPO　→　投資人
新股抽籤　→　抽中後轉賣
二手市場

每張 1,000 股 股價是指 1 股的價格

在台灣就價格而言，股票的**面額**都是一股 10 元，每張 1,000 股，所以一張 10 元的股票為 10,000 元。不過面額現在都是計算股票股利時，才會派得上用場。

股票進入二手市場後，價格隨著市場波動，有的會剩下一股不到 10 元，像是我在寫書的時候新光金（2888）才 6.9 元，而大立光（3008）卻要 3,500 元。前者買一張 7,000 元有找，後者高達 350 萬，可以抵一間房子的頭期款了。另外，股價低於 10 元時，常被戲稱為「雞蛋水餃股」，股價破千則常被稱為「股王」或是「股后」。

表 1-1　近 10 年股王名單

股名	代號	任股王時最高股價	現在股價	擔任股王年度
大立光	3008	766／4810	4695	2006／2012～2017
宏達電	2498	1220／1300	78.9	2006／2010～2011
聯發科	2454	783／656／590	216.5	2002／2007／2009～2010
晶華	2707	738	171	2008
伍豐	8076	1085	62.5	2007
益通	3452	1205	9.61	2006

資料日期：2017 年 2 月 15 日

電子化的現在
股票不能當壁紙了

就**股票**本身而言，現在買股票，已經拿不到實體「股票」了。現在去券商開戶，只會拿到一本證券存摺。不過我從 2012 年開始投資至今還沒有刷過這本簿子，因為券商開戶後都會協助客戶安裝交易軟體，對帳單也會以電子郵件寄給客戶。

股數　　公司名稱

股東姓名與戶號

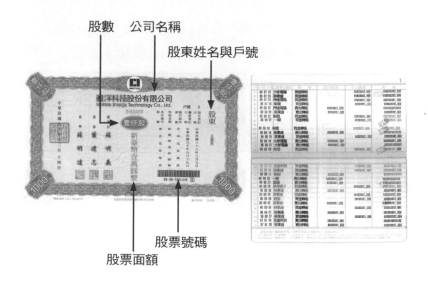

股票號碼

股票面額

股東

買賣後兩個交易日才是收付錢的日子

就付費方式而言，台股的**交割制度**是「Ｔ＋2日」。當你成功買進股票後，股票會先出現在你的證券帳戶裡，但費用則是在「交易日之後隔兩個交易日」才會扣款。例如，週一買週三扣款。相對地，當你成功賣掉股票時，也是「Ｔ＋2日」後，交割款項才會進入你的戶頭。

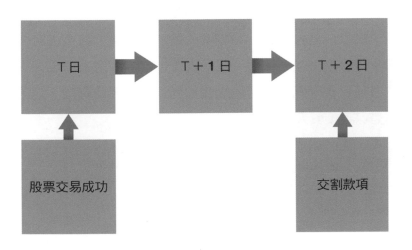

「交割」是證券術語，指股票成交（或是期貨到期）後，買賣雙方依約相互交付貨物（憑證）及貨款。至此，

方完成所有交易行為。實務上而言，當你買進一張股票成功後，券商會先在你的看盤 App 裡顯示你已經買進○○股票 1,000 股，並詳列買進價格、交易成本與市價，還會幫你算好投資報酬率。然而實際上必須在「交易日之後隔兩個交易日」，你戶頭裡的錢才會轉出去。

反之，如果你是賣掉一張股票，券商會在你的看盤 App 裡顯示你已經賣出○○股票 1,000 股，但是在「交易日之後隔兩個交易日」，你的戶頭裡才會收到賣掉股票的錢。

聽起來「交割」就是一手交錢一手交貨（只是不同天），不過如果聽到「全額交割股」可不要太開心。「全額交割股」是台灣獨有的制度，是上市（櫃）公司因財務發生危機產生退票情形，或是未在規定時間內公告每一季的財務報表等因素，而依規定被列為「全額交割股」，用意是保護投資人。

買賣都要付手續費
賣股得再多付證交稅

接著該來說說交易成本。買股時只需要付給券商手續費，算法是**股價 × 股數 ×0.1425%**。假設要買進一張股價 100 元的中華電（2412），手續費就是「100×1000×0.1425%」，等於 142.5 元。如果是大立光，一張就要 4,987.5 元。6.9 元的新光金則只要 9.8 元。不過多數券商會有最低手續費 20 元的規定，所以**便宜的股票記得一次多買幾張，比較不會被多收手續費。**

不過，142.5 元就算了，買一張大立光，還沒有賺錢就要花快 5,000 元的交易成本，程序上不都是買一張股票嗎？手續費差這麼多，這算法合理嗎？

其實這是因為網路普及化以前，買賣股票是打電話給交易員撮合，所以手續費較高。而現在多了網路下單的方式，券商都會給予網路下單打折優惠。表 1-2 是電子下單有給予折扣的券商，以新光證券的 2.8 折計算，4,987.5 元的手續費實際上只要支付 1,396.5 元，新光金可能還是 20 元，中華電則是 39.9 元。

等你的股票要賣出時，須支付「手續費＋證券交

表 1-2　電子下單券商給予的折數

券商名稱	折數
新百王	3折
犇亞證券	3折
鑫豐證券	1.7折
亞東證券	6.5折
大昌證券	3折
永豐金證券	6.5折
新光證券	2.8折
日進證券	2.8折
台銀證券	3.5折
大展證券	3.6折

證券折數可能會有變動，投資人可以上官網或打電話洽詢尋找最新資訊，決定要跟哪家券商往來。

資料日期：2017 年 2 月 9 日

易稅」。證券交易稅率是 0.3%，算法為**股價 × 股數 ×0.3%**。則新光金一張為「6.9×1000×0.3%」，20.7 元；以此類推，中華電一張 300 元，大立光一張則要 10,500 元。這部分用來繳稅用，沒有折扣可言。

由上述得知，一張股票的交易（買＋賣）成本，是**手續費 ×2 ＋證交稅**。以中華電來說，打完折是「40×2 ＋ 300」，共 380 元，而新光金一張的交易成本只需 50 元，但大立光光交易稅就破萬了。

這數字看起來很虧，就拿中華電來說，380 元的交易成本，一般人可以吃好幾頓了。不過我覺得跟以前定期定額買基金相比，已經便宜非常多。以前的基金扣款 3,000

元就要繳交 150 元手續費，費率是 5%。所以如果是用基金手續費買中華電，那就要被扣 5,000 元而不是 380 元了。

表 1-3 股票交易成本計算範例

※ 以新光證券的 2.8 折為例   單位：元

	股價	手續費 （買賣股都要付手續費）	證交稅 （賣股時支付）	交易成本
大立光	3,500	3,500×1,000 ×0.1425%×28% ＝1,396.5	3,500×1,000 ×0.003 ＝10,500	13,293
中華電	100	100×1,000 ×0.1425%×28% ＝39.9	100×1,000 ×0.003 ＝300	379.8
新光金	6.9	6.9×1,000 ×0.1425%×28% ＝2.7531 （不到20元以20元計）	6.9×1,000 ×0.003＝20.7	60.7

新光金只買一張的話，等於多送手續費給券商，最好一次交易 **15,000** 元以上，才能節省交易成本。

盤中、盤後、零股交易時間有所不同

Point 6

　　台股開盤時間是上午 9 點整，收盤時間是下午 1 點半。1 點半之後還有**盤後交易**與**零股交易**。零股是指非整張交易的股票，假設中華電一張（1,000 股）要 10 萬元，當你資金不多時，可以考慮在零股交易時間只買 100 股，這樣就只要 1 萬元。不過**零股交易買賣成功的機率比較低，必須多嘗試幾次**。

表 1-4　股票交易及成交時間

	交易單位	交易時間	成交時間
普通交易	1,000股（＝1張）	9：00～13：30	9：00～13：30
盤後交易	1,000股（＝1張）	14：00～14：30	14：30
零股交易	1股	13：40～14：30	14：30
普通預約	1,000股（＝1張）	14：40～下個交易日8：30	下個交易日9：00～13：30

　　盤後交易則是指當天產生收盤價後，投資人可以在 14：00 ～ 14：30，以收盤價委託券商買賣，15：00 由證交所進行電腦自動撮合。由於收盤價是指當天交易時間最後一筆成交價格，所以如果你要買的投資標的當天成交量為零，就無法進行盤後交易。

　　普通預約則是指，當你在收盤後的任何時間，想要下單任何一檔股票，都可以使用券商的交易軟體下單，下單後軟體會回報是否預約成功，該筆交易將在下一個交易日進行，而在下一個交易日 9：00 開盤前，你隨時都可以刪除該筆交易。

除非知道自己在做什麼，否則最好什麼也別做。

投資大師 吉姆‧羅傑斯

散戶買股通常有兩種：上市與上櫃

台灣股票分為**上市**與**上櫃**兩種。由「台灣證券交易所」（簡稱證交所）負責審理公司股票的上市申請及日常管理；而上櫃公司則由「財團法人櫃檯買賣中心」（簡稱 OTC 或櫃買中心）負責。而已經跟有關單位申請上市櫃卻還沒通過的股票，則稱為**興櫃**。

在上個世紀，上櫃股票的交易是透過櫃檯買賣，想買上櫃股票的人，必須自己到券商櫃檯詢問，請櫃檯人員協助撮合。

如今因為線上交易普及，上市及上櫃公司除了資本額規模、當沖等，審查門檻與交易限制有所差別之外，對投資人來說，上市和上櫃股票已經幾乎沒有什麼差別了。

> **資本額（Capital）**指公司成立時股東所投入的資金總額，也就是成立公司的第一筆錢，用以支付開業所需的辦公室租金、人力僱用等等成本。而**實收資本（Paid In Capital, Contributed Capital）**則是指發行資本，又稱已發行資本，是股東們實際將現金或實物投入公司的資本額。

當沖是指當日沖銷（Day Trade），當同一檔股票在同一個交易日裡完成交易，不管是先買再賣或是先賣再買，都稱為當沖。當沖不必付買股交割款，只需收取盈虧金額，所以對本金不多的人來說，是一條以小搏大的路，但不是每個人當天在股市買進賣出現股，就能不付買股交割款，必須向券商申請，才能進行當沖交易。

當然，就規模來說，上市公司可視為大型股，上櫃公司可視為中小型股。另外，新掛牌的公司主要會在上櫃市場。因此，一些從興櫃就頗搶手的股票在取得上櫃掛牌後，通常會連續拉出好幾根漲停板。

股價的高低起伏，反映的只是看客們的情緒波動，與企業價值無關。

高毅資產董事長 邱國鷺

表 1-5　興櫃、上櫃、上市

興櫃	興櫃股票，指已經申報上市（櫃）輔導契約之公開發行公司的普通股股票，在還沒有上市（櫃）掛牌之前，經過櫃檯中心依據相關規定核准，先在證券商營業處所議價買賣者而言。要注意的是，興櫃股票未來不必然會上市（櫃）成功，要看興櫃公司將來能否符合上市（櫃）的掛牌條件而定。	

上櫃	設立年限	依公司法設立登記滿2個完整會計年度。
	實收資本額	新台幣 5,000 萬元以上。
	獲利能力	財務報告之稅前淨利占股本之比率： 1.最近年度達4%以上，且最近1會計年度決算無累積虧損者。 2.最近2年度均達3%以上者。 3.或最近2年度平均達3%以上，且最近1年度之獲利能力較前1年度為佳者。 前述財務報告之獲利能力，不包含非控制權益之淨利（損）對其之影響。但前揭之稅前淨利，於最近1會計年度不得低於新台幣400萬元。
	股權分散	公司內部人及該等內部人持股逾 50% 之法人以外之記名股東，人數不少於 300 人，且其所持股份總額合計占發行股份總額 20% 以上或逾 1,000 萬股。

上市	設立年限	依公司法設立登記屆滿 3 年以上。
	實收資本額	新台幣 6 億元以上。
	獲利能力	財務報告之稅前淨利符合下列標準之一，且最近1個會計年度決算無累積虧損者： 1.稅前淨利占年度決算之財務報告所列示股本比率，最近2個會計年度均達6%以上者。 2.稅前淨利占年度決算之財務報告所列示股本比率，最近2個會計年度平均達6%以上，且最近1個會計年度之獲利能力較前1會計年度為佳者。 3.稅前淨利占年度決算之財務報告所列示股本比率，最近5個會計年度均達3%以上者。
	股權分散	記名股東人數在 1,000 人以上，公司內部人及該等內部人持股逾 50% 之法人以外之記名股東人數不少於 500 人，且其所持股份合計占發行股份總額 20% 以上或滿 1,000 萬股者。

從以上條件看，上市公司條件最嚴格，新手投資人可以從上市公司開始研究。

當股東與債主
不同在於……

Point 8

講到這裡，該來說一下企業與股票的關係了。企業募資管道很多，未必要申請上市（櫃），例如鼎泰豐老闆就堅決不上市，因為從表 1-5 可以知道，上市（櫃）的股票在「獲利能力」與「股權分散」上有許多規定得遵守。除了稅前淨利占股本要 3% 起跳，記名股東也得增加到 300 人。

聽說鼎泰豐老闆為了照顧員工，也為了不聽那麼多股東囉唆，選擇不上市（櫃）。相形之下，有些上市的連鎖餐飲業者，服務品質就劣化得很快。所以站在投資人的角度來看雖然很扼腕，但站在消費者的角度來看，這可能是好消息。

回到主題，**企業營運需要籌措資金，來源有兩種：一種是借款，一種是向股東募資。**借款的來源可能是發行公司債（公司所發行的債券）、向銀行融資，也可能是創業者向親友週轉。不管跟誰借，就提供資金的人來說，他們都擁有**債權**，意思是當企業賺錢時，必須優先償還「債權人」，然後有剩的才能發給股東。

　　就企業的角度來說，來自股東的錢雖然不必還（因為股東把股票賣給別人後，只是股權換手而已），但要是外部股東持有的股票比經營團隊還多的話，經營權可能會落入他人之手；而借錢只須還「本金＋利息」，不用跟別人分享公司的經營權。股東所擁有的，則稱為**股權**，指公司毛利扣掉成本與債務後，可分配股利的權益。

　　這樣感覺好像當債權人比較爽，可以優先分配到企業獲利，買股票看起來好像比較吃虧，但是債權人的獲利（利息）是有限的。舉例來說，如果你借 100 萬給別人，說好利息 5% 就是 5%，不會因為公司賺了 200%，就多分一點給債主。

　　而股東則是只要扣除相關開支（包括繳稅）後的利潤，理論上全都可以拿來分配（實際上還是要看公司的股利政策，看董事會決議要分配多少），相關的基本面利多還能帶動股價上漲。

　　因此，一般來說，風險承受度較高的人會選擇投資多一點本金在股票上，風險承受度較低的人會選擇投資債券多一點。

可轉債：如果看不懂，最好不要買

　　除此之外，有一種金融商品介於股票與債券兩者之間，

表 1-6　股票與債券比較

股票	債券
參股成為股東	借錢給公司
成為股東	成為債權人
不保證收益（股利＋價差）	保證收益（固定利息）
風險較高，獲利也較高	風險較低，獲利也較低

要特別留意，叫做「可轉換公司債」，顧名思義就是可以換成股票的債券，簡稱「可轉債」。舉例來說，一張 100 元的可轉債，可換 5 張 20 元的股票。而如果現在股票市價一張 30 元，為了賺價差，投資人可以選擇把債券轉換成股票，也就是債權人變成股東。

但是請注意，**當你將債券轉換成股票之後，債權就會自動消失，不能再換回債券。本來公司必須償付債務的義務，也會跟著自動消失。**

自從這種遊戲規則發明以來，許多大股東利用可轉債鑽漏洞。比方說 2016 年頻上社會版新聞的樂陞（3662），密集發行了三檔「可轉讓公司債」（CB），但是在「配售」及「轉換」上出現異常情形，後來因為合併內線及炒作等罪嫌移送檢調。

報導指出：百尺竿頭 5 月底宣布公開收購樂陞，消息

一公布，股價就開始走高，於是三檔 CB 中的「樂陞 4」及「樂陞 6」開始大量被轉換成股票，後者轉換率甚至高達 9 成。後來檢調偵辦時便針對這個現象提出異常的質疑。

看完上述這段新聞，相信你跟我一樣覺得摸不著頭緒。老實說我看了三遍、查了很多相關資料才弄清楚。

在投資市場，**散戶最重要的守則第一條，就是「看不懂的東西不要買」**，第二條則是「**感覺太好賺的通常都有問題**」。這種時候內心警鈴大作，好過事後上街頭抗爭被騙錢。

船開始下沉時，不要禱告，趕快脫身。

《蘇黎士投機定律》作者 馬克思‧甘特

Point 9 股票分類法：資本大小、所屬產業

　　前面提到大型股、中型股與小型股，另外還有雞蛋水餃股。一般而言，資本額小於 10 億的算中小型股票，大於 10 億的算大型股，所以**大中小型股是看資本額，不是看股價**。否則大立光的實收資本額才 13.42 億，股價卻高達 3,500 元；台積電股價 180 元左右，資本額卻高達 2,593 億元。由於上市公司規定實收資本額必須 6 億以上，上櫃只需 5,000 萬元，所以才會有「上市多大型股，上櫃多中小型股」的說法。至於雞蛋水餃股，就真的是指股價跟一顆雞蛋或一粒水餃一樣便宜了。

　　還有一種分類法是分成**產業股、集團股、概念股**。例如，中信金（2891）與國泰金都屬於金融產業，就統稱為「金融股」；台塑（1301）、南亞（1303）、台化（1326）、台塑化（6505）同屬台塑集團，即為**集團股**；**概念股**中最廣為人知的大概就是「蘋概股（蘋果概念股）」，有做機殼的可成（2474），做光學鏡片的大立光，做 IC 代工的台積電，做組裝的鴻海（2317）。

　　更仔細的分類法，是把一個產業上、中、下游的產業

鏈畫出來。表 1-7 說明了製鞋業的產業鍊，不過這種劃分法，跟股價高低的關係不大。

新手入門最好的方式是認識各個產業的龍頭股，覺得產業太多，就從自己熟悉的企業開始。比方說人人都會去超商買東西，超商的龍頭股就是統一超（2912）。這些龍頭股多半會跟「台灣 50（0050）」或「中型 100（0051）」的成份股重疊，下一章將針對股票的分類進行更詳細的說明。

表 1-7　製鞋業相關個股關係表

鞋材	人工皮革鞋材：三芳（1307）、信立（4303）
	織布鞋材：利勤（4426）
製鞋	鞋面鞋材：百和（9938）
	戶外鞋：鈺齊-KY（9802）
	運動鞋：寶成（9904）、豐泰（9910）

有種懶人投資法 用 ETF 避開個股風險

前面提到的「台灣 50」、「中型 100」都是 **ETF**（**Exchange Traded Funds**），台灣翻譯為「指數股票型基金」。

所謂的「基金」是指「一籃子的股票」，假設你手上有 7,000 元，你可以拿去買一張新光金，但也可以拿去買基金，因為基金當中有許多種的股票，可以幫助投資人分散買股票的風險。

可惜基金通常都有許多內扣、外扣的手續費，包括要養基金經理人，所以缺點是交易成本很高。相形之下，ETF 是一種擁有基金優點、沒有基金缺點的「基金」：一張 ETF 就包含多種股票，購買一張，就能達到分散風險的目的，但支付的是股票（千分之幾）而非基金（百分之幾）的手續費。

因為交易成本便宜，現在 ETF 越來越受注目，台股當中的 ETF 選擇也越來越多，但成交量最大的還是最老牌的「台灣 50」。它追蹤的指數是臺灣證交所與 FTSE International Limited 合作編製的「臺灣 50 指數」，其成份

股涵蓋臺灣證券市場中「市值前 50 大的上市公司」，雖然只有 50 家，但加起來的總市值已占台股的 70%。所謂成份股就是這檔基金裡包含哪些個股，這些 ETF 也很透明，都會公布每一檔成份股的占比是多少。

而且，這 50 檔股票並非永遠不會更動，主管單位每 3 個月會審核成份股（每年的 3、6、9、12 月）。審核時，假如非成份股的市值上升到第 40 名以上，則納入成份股。原先成份股的市值假如跌到 61 名以下，則自指數中刪除。所以也有人說，這檔股票的優點，是永遠不用擔心它會變成壁紙。表 1-9 是最新的成份股一覽表，可以看看你認識幾家公司。

表 1-8　台灣 50 近 10 年股價

年度	最高價	日期	最低價	日期	收盤平均價
2016	73.55	12/12	55.60	1/21	66.27
2015	73.30	4/27	55.40	8/24	66.34
2014	69.95	9/01	55.60	2/05	63.69
2013	59.15	10/21	52.95	6/25	56.16
2012	56.20	3/14	47.45	6/04	52.33
2011	63.20	2/08	46.61	12/19	56.59
2010	61.40	12/31	47.95	6/09	54.71
2009	56.45	12/31	30.01	1/21	45.33
2008	65.85	3/24	28.53	11/21	51.32
2007	72.30	10/03	53.05	3/05	62.01

表 1-9　台灣 50 指數成份股名單

	名稱	指數權重		名稱	指數權重
1	台積電	29.75%	26	元大金	0.94%
2	鴻海	8.61%	27	聯電	0.93%
3	台塑	2.99%	28	統一超	0.89%
4	台化	2.89%	29	華南金	0.88%
5	南亞	2.78%	30	合庫金	0.82%
6	中華電	2.64%	31	遠傳	0.79%
7	國泰金	2.62%	32	台泥	0.77%
8	大立光	2.61%	33	正新	0.77%
9	富邦金	2.53%	34	開發金	0.77%
10	台達電	2.38%	35	中壽	0.76%
11	中信金	2.19%	36	台新金	0.73%
12	聯發科	2.16%	37	寶成	0.73%
13	中鋼	2.09%	38	矽品	0.72%
14	統一	1.76%	39	光寶	0.71%
15	兆豐金	1.70%	40	友達	0.71%
16	日月光	1.41%	41	群創	0.69%
17	華碩	1.28%	42	遠東新	0.66%
18	台灣大	1.19%	43	彰銀	0.66%
19	可成	1.13%	44	鴻準	0.64%
20	第一金	1.11%	45	永豐金	0.62%
21	台塑化	1.09%	46	研華	0.59%
22	廣達	1.09%	47	仁寶	0.52%
23	玉山金	1.04%	48	儒鴻	0.46%
24	和泰車	1.03%	49	亞泥	0.42%
25	和碩	1.00%	50	南亞科	0.24%

資料日期：2017 年 2 月 17 日

Chapter

2

影響
台股漲跌10大重點
你最好早點知道

了解股票之後，接下來就可以開始觀察台股生態。由於大部
分的投資書都已經有自己的一套選股方法，很少說明台股生
態該如何觀察，新手可以用這裡的 10 個關鍵詞當切入點，建
立自己對台股的觀察心得。

1　台股加權指數：就是常聽到的「大盤」

2　MSCI 台股指數：調整成份股時要注意

3　外資買賣超排行榜：可以參考，別完全照買

4　董監事改選行情：獲利了結好時機

5　集團股：會交叉持股，常一榮俱榮、一損俱損

6　景氣循環股：趨勢走長線，最好順勢而為

7　產業龍頭股：壟斷或寡占，才是真龍頭

8　最大笨蛋理論：小心別「最後」才進入股市

9　別問哪種方法賺最多，要想哪種方法適合我

10　定存股：想賺股利，也得你自己沉得住氣

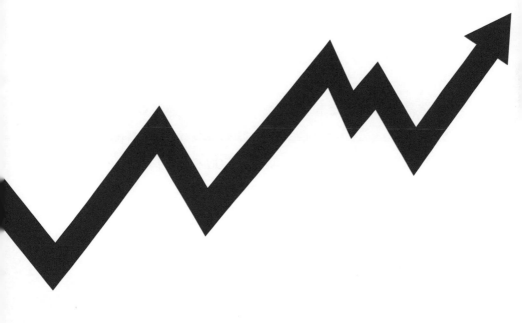

台股加權指數：就是常聽到的「大盤」

看財經新聞常會聽到專家在受訪時說：「現在指數上9,000 點，買什麼都貴」、「7,000 點是比較好的入場時機」等言論，到底指數跟個股的關係為何？

你得先了解，台股指數是一種加權指數（通常被稱為「大盤」），也就是**市值**大（市值簡單來說就是公司發行在外的總股數乘以現在的股價，因此股價變高，公司市值就會跟著變高）的股票占的**權重**較高，每檔股票在大盤所占的權重，上證交所官網就查得到。

> **權重是指加權的比重。**前面說到市值大的公司權重較高，是因為這些公司發行在外的股數較多，乘以股價後，在整個台股池子裡（台股大盤共 1,500 檔左右）占的份量就會比較大。例如台積電（2330）的市值占大盤整體市值 15.87%（2016 年 11 月資料），是大盤裡權重最高的股票。

以台積電為例，市值占加權指數最高（近 16%），因此市場才會有「台積電漲一塊錢，指數漲 10 點」的說法。**口袋很深的外資，也常利用買賣台積電來操控台股指數，**仔細觀察台積電與大盤的關係，確實台積電跌的時候，大盤也多半是跌的。

因此，指數跟個股的關係，要看這檔股票占指數的權重多少比例。如果排名前 5 名，相關性會高一點。假設 7,000 點買進台積電，9,000 點賣出，肯定穩賺，但是排名不夠前面，那就未必了。比方說華票（2820），7,000 多點時 11 塊多，9,000 多點時也才 12 塊多，兩者連動性相對上就沒有台積電這麼明顯。

職業投資者的工作，**95%** 是在浪費時間，他們在閱讀圖表及營業報告，卻忘記思考，但對投資者來說，這才是最重要的。

德國證券界教父 安德烈．柯斯托蘭尼

表 2-1　台股加權指數市值

名次	代碼	股名	股價（元）	股本（億）	市值（億）	占大盤比重	累計比重
1	2330	台積電	183.50	2,593	47,582	15.87%	15.87%
2	2317	鴻海	81.40	1,720	14,003	4.67%	20.54%
3	6505	台塑化	103.50	952	9,859	3.29%	23.83%
4	2412	中華電	107.50	775	8,339	2.78%	26.61%
5	2882	國泰金	46.45	1,256	5,836	1.95%	28.56%
6	1326	台化	97.60	586	5,721	1.91%	30.47%
7	1301	台塑	88.20	636	5,615	1.87%	32.34%
8	1303	南亞	66.20	793	5,250	1.75%	34.09%
9	2881	富邦金	48.45	1,023	4,958	1.65%	35.74%
10	3008	大立光	3510.00	13	4,708	1.57%	37.31%
11	2308	台達電	159.00	259	4,130	1.38%	38.69%
12	2002	中鋼	24.65	1,573	3,879	1.29%	39.98%
13	3045	台灣大	107.00	342	3,660	1.22%	41.20%
14	2454	聯發科	223.00	158	3,528	1.18%	42.38%
15	2891	中信金	17.30	1,949	3,373	1.13%	43.51%
16	2886	兆豐金	23.00	1,359	3,128	1.04%	44.55%
17	1216	統一	55.00	568	3,125	1.04%	45.59%
18	2311	日月光	34.70	793	2,754	0.92%	46.51%
19	2912	統一超	242.00	103	2,516	0.84%	47.35%
20	4904	遠傳	74.1	325	2,415	0.81%	48.16%
21	2382	廣達	58.8	386	2,271	0.76%	48.92%
22	2892	第一金	16.75	1,197	2,006	0.67%	49.59%
23	2357	華碩	266.5	74	1,979	0.66%	50.25%
24	2207	和泰車	362	54	1,977	0.66%	50.91%
25	4938	和碩	76.3	257	1,965	0.66%	51.57%

比重前 100 名個股名單

名次	代碼	股名	股價（元）	股本（億）	市值（億）	占大盤比重	累計比重
26	2105	正新	59.3	324	1,922	0.64%	52.21%
27	2474	可成	221	77	1,703	0.57%	52.78%
28	2880	華南金	15.85	1,052	1,667	0.56%	53.34%
29	5880	合庫金	13.75	1,184	1,629	0.54%	53.88%
30	2395	研華	255	63	1,613	0.54%	54.42%
31	2884	玉山金	18.3	876	1,604	0.53%	54.95%
32	3474	華亞科	29.75	518	1,544	0.51%	55.46%
33	2325	矽品	48.45	311	1,510	0.50%	55.96%
34	2801	彰銀	16.4	896	1,470	0.49%	56.45%
35	2303	聯電	11.4	1,262	1,439	0.48%	56.93%
36	2885	元大金	11.7	1,199	1,404	0.47%	57.40%
37	1101	台泥	36.75	369	1,357	0.45%	57.85%
38	1402	遠東新	23.45	535	1,255	0.42%	58.27%
39	2408	南亞科	45	274	1,237	0.41%	58.68%
40	2883	開發金	8	1,497	1,198	0.40%	59.08%
41	2354	鴻準	83.8	141	1,185	0.40%	59.48%
42	9904	寶成	40.2	294	1,185	0.40%	59.88%
43	2301	光寶科	49.9	235	1,173	0.39%	60.27%
44	2823	中壽	32.45	347	1,127	0.38%	60.65%
45	2409	友達	11.55	962	1,112	0.37%	61.02%
46	2887	台新金	11.6	950	1,103	0.37%	61.39%
47	3481	群創	10.95	995	1,090	0.36%	61.75%
48	2890	永豐金	9.12	1,067	974	0.32%	62.07%
49	8464	億豐	330.5	29	968	0.32%	62.39%
50	1102	亞泥	26.8	336	901	0.30%	62.69%

名次	代碼	股名	股價（元）	股本（億）	市值（億）	占大盤比重	累計比重
51	1476	儒鴻	306.5	26	824	0.27%	62.96%
52	2356	英業達	22.4	358	804	0.27%	63.23%
53	2324	仁寶	18	442	796	0.27%	63.50%
54	00632R	元大台灣50反1	16.32	483	790	0.26%	63.76%
55	2888	新光金	7.61	1,022	778	0.26%	64.02%
56	9910	豐泰	116.5	66	778	0.26%	64.28%
57	2377	微星	87.1	84	736	0.25%	64.53%
58	9921	巨大	190	37	713	0.24%	64.77%
59	2498	宏達電	82.5	82	679	0.23%	65.00%
60	6239	力成	85.8	77	669	0.22%	65.22%
61	1227	佳格	75.1	87	661	0.22%	65.44%
62	3034	聯詠	107	60	651	0.22%	65.66%
63	2618	長榮航	15.95	405	646	0.22%	65.88%
64	3702	大聯大	38.45	165	637	0.21%	66.09%
65	3231	緯創	23.2	265	615	0.21%	66.30%
66	5871	中租-KY	53.9	113	614	0.20%	66.50%
67	2227	裕日車	196.5	30	590	0.20%	66.70%
68	2610	華航	10.05	547	550	0.18%	66.88%
69	1504	東元	27.15	200	544	0.18%	67.06%
70	2347	聯強	32.4	166	540	0.18%	67.24%
71	2379	瑞昱	106	50	535	0.18%	67.42%
72	2542	興富發	45.6	116	532	0.18%	67.60%
73	2915	潤泰全	56.4	94	531	0.18%	67.78%
74	9945	潤泰新	37.7	139	525	0.18%	67.96%
75	2385	群光	73	71	520	0.17%	68.13%

名次	代碼	股名	股價（元）	股本（億）	市值（億）	占大盤比重	累計比重
76	4958	臻鼎-KY	64	80	515	0.17%	68.30%
77	2633	台灣高鐵	19.05	262	501	0.17%	68.47%
78	1434	福懋	29	168	489	0.16%	68.63%
79	2834	臺企銀	8.06	596	481	0.16%	68.79%
80	1605	華新	13.35	351	469	0.16%	68.95%
81	50	元大台灣50	71.3	60	435	0.15%	69.10%
82	1590	亞德客-KY	236.5	17	423	0.14%	69.24%
83	2603	長榮	12	351	421	0.14%	69.38%
84	2353	宏碁	13.5	308	416	0.14%	69.52%
85	2201	裕隆	26.05	157	410	0.14%	69.66%
86	2106	建大	46.4	87	406	0.14%	69.80%
87	6415	矽力-KY	495.5	8	402	0.13%	69.93%
88	3682	亞太電	9.31	430	400	0.13%	70.06%
89	2723	美食-KY	267	14	396	0.13%	70.19%
90	9917	中保	87.8	45	396	0.13%	70.32%
91	1319	東陽	66.3	59	392	0.13%	70.45%
92	1722	台肥	40.05	98	392	0.13%	70.58%
93	1802	台玻	13.4	290	390	0.13%	70.71%
94	3044	健鼎	73.8	52	388	0.13%	70.84%
95	9914	美利達	129	29	386	0.13%	70.97%
96	9933	中鼎	50.6	76	386	0.13%	71.10%
97	8150	南茂	27.15	140	383	0.13%	71.23%
98	2634	漢翔	40.6	90	369	0.12%	71.35%
99	2881A	富邦特	61.4	60	368	0.12%	71.47%
100	3532	台勝科	47.5	77	368	0.12%	71.59%

資料日期：2016 年 11 月 24 日

以上資料僅供參考，確實數據以臺灣證券交易所公布者為準。

要知道個股跟大盤指數的關係，把兩者的股價走勢圖拿出來比對就一目瞭然。比對時你會發現，中華電（2412）占台股權重排名第四，卻跟大盤漲跌關係不大。這是因為當外資放眼望去找不到好股票能買了，就會去買電信三雄：中華電、遠傳（4904）跟台灣大（3045）。

例如 11 月 3 日台股大跌，股市全綠，中華電卻反而漲了 0.5 元，因此中華電漲價，有時會被當成市場反轉的訊號。主要是因為電信三雄的獲利穩定、市場飽和，股價也如牛皮般怎麼吹都吹不動。

圖 2-1　加權指數日線圖

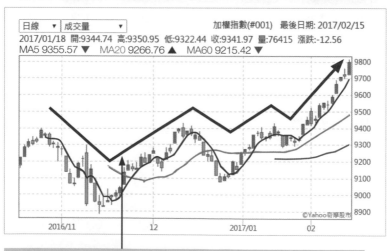

從 2016 年 11 月開始，指數雖略有波動，但整體趨勢向上。

圖 2-2　台積電日線圖

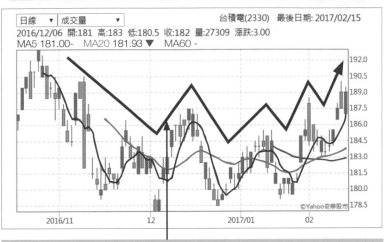

台積電占的權重最高，股價走勢與大盤最相近，但也不完全一樣。

圖 2-3　中華電日線圖

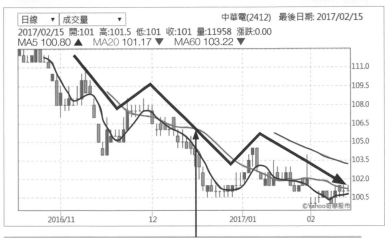

中華電也是權值股，但跟大盤的相關性，就沒有台積電高了。

　　所以，對我來說，個股跟大盤指數的關係，得看個股的股性、外資的偏好，跟權值的占比。注意，這個占比跟企業獲利無關，不是台積電權重第一名，它的獲利就是全台第一。

　　也有專家指出看指數買股的盲點。就像汐止房價在2000 年納莉風災時曾跌到一坪 10 萬的歷史低點，但是我們現在還能期待 10 萬元的房價再進場嗎？同理，股市曾經跌到3,000 多點，要等到再跌倒3,000 點，得等到何年何月？**比較務實的方式是利用技術指標（見第 4 章）找出相對低點進場，比較不會錯過好買點。**

投手還沒把球投出去之前，絕對不要衝動揮棒。

股神 華倫・巴菲特

MSCI 台股指數：
調整成份股時要注意

每逢 2 月底、5 月底、8 月底、11 月底，財經新聞一定會報導 MSCI 台股指數調整的情況，因為新納入的台灣個股股價會漲，被踢出去的會跌，這種情況被稱為摩根行情或摩根效應。

MSCI 是摩根士丹利資本國際公司（Morgan Stanley Capital International）的縮寫，他們所編製的各種指數，被稱為 MSCI 指數，如 MSCI 全球指數、MSCI 新興市場指數、MSCI 日本指數、MSCI 歐洲指數等等。

由於大部分的外資（基金公司）都會參考 MSCI 指數來調整投資組合，所以當 MSCI 全球指數提高台股權重，將吸引大量國際資金投資台股，這就是所謂的摩根效應；而 MSCI 成份股中所增減個股，被增列的股票股價將有段漲勢可期，刪除的個股則將面臨負面的影響。

例如，2016 年 11 月中旬的新聞指出，此次 MSCI 全球標準指數成份股的半年度調整，微星（2377）成為此次新增台灣成份股。新普（6121）則遭到剔除。

看一下被剔除的新普股價走勢圖，會發現從 8 月起就

一路走跌，11 月中旬成份股最新名單公布後，更是跳空跌掉 2.5 元。

圖 2-4　新普日線圖

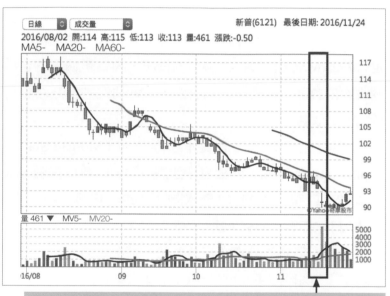

從 8 月股價就一直下跌，遭 MSCI 指數除名後直接跳空大跌。

　　這些股票的外資持股占比不低，例如台積電的外資持股占比就高達 79.6%，鴻海（2317）占 48.34%，國泰金（2882）占 26.47%（占比會隨著每日交易情況而變動），對新手來說，這份「台灣 MSCI 成份股」名單可說是「外資篩選過」的，因為這些外資（基金公司）通常都有專職

的研究員與基金經理人負責研究股票，既然是專家挑過，
地雷股應該不多（但不見得沒有），而且這份名單跟權值
股前 100 名多所重複，投資人可以從中挑選感興趣的股票，
納入選股名單。

手上要一直有很多現金，你才能趁人
之危，低價接手便宜貨。

加拿大億萬富翁 西摩‧舒利克

表 2-2　台灣的 MSCI 成份股

名次	代號	名稱	股價（元）	市值（百萬）	占大盤比重（%）	累計比重
1	2330	台積電	189.5	4913800	28.67	0.2867
2	2317	鴻海	90	1407400	8.56	0.3723
3	3008	大立光	4530	609000	2.8	0.4003
4	2882	國泰金	49.25	616200	2.47	0.425
5	1301	台塑	93.5	597100	2.38	0.4488
6	2412	中華電	101	787400	2.36	0.4724
7	1303	南亞	77	609100	2.25	0.4949
8	2308	台達電	173.5	453300	2.08	0.5157
9	2881	富邦金	50.8	518800	2.08	0.5365
10	2454	聯發科	225	352800	2.06	0.5571
11	2891	中信金	18.7	336700	2.02	0.5773
12	1326	台化	98.6	574400	1.95	0.5968
13	2002	中鋼	25.9	407500	1.88	0.6156
14	1216	統一	55.1	310800	1.63	0.6319
15	2886	兆豐金	23.6	323700	1.58	0.6477
16	2311	日月光	38.05	299800	1.53	0.663
17	2357	華碩	275	204300	1.19	0.6749
18	2892	第一金	18.1	206900	1.07	0.6856
19	3045	台灣大	106.5	367700	1.05	0.6961
20	2474	可成	261	201100	1.05	0.7066
21	2382	廣達	63.2	244100	1.05	0.7171
22	4938	和碩	80.1	209800	0.95	0.7266
23	2884	玉山金	18.8	150300	0.91	0.7357
24	2303	聯電	11.75	149900	0.87	0.7444
25	2912	統一超	226	236000	0.79	0.7523
26	2105	正新	65.3	212300	0.78	0.7601
27	1101	台泥	37.5	137300	0.77	0.7678
28	2885	元大金	13	156600	0.77	0.7755
29	2880	華南金	16.95	167900	0.77	0.7832
30	6505	台塑化	107	1024000	0.75	0.7907

名次	代號	名稱	股價（元）	市值（百萬）	占大盤比重（％）	累計比重
31	4904	遠傳	73	239800	0.72	0.7979
32	5880	合庫金	14.85	164400	0.7	0.8049
33	3481	群創	12.4	122900	0.68	0.8117
34	2883	開發金	8.12	122900	0.67	0.8184
35	2301	光寶科	51.1	120000	0.66	0.825
36	2325	矽品	48.65	151500	0.65	0.8315
37	2823	中壽	30.4	101700	0.65	0.838
38	2409	友達	11.95	115500	0.64	0.8444
39	2887	台新金	12.15	107700	0.64	0.8508
40	2890	永豐金	9.56	97200	0.6	0.8568
41	9904	寶成	42.3	126600	0.57	0.8625
42	2801	彰銀	18.4	156500	0.56	0.8681
43	1402	遠東新	27.65	147700	0.55	0.8736
44	2207	和泰車	355.5	193900	0.54	0.879
45	2354	鴻準	95.1	132700	0.53	0.8843
46	2395	研華	265.5	169000	0.52	0.8895
47	2324	仁寶	19.2	85400	0.5	0.8945
48	2888	新光金	8.48	86600	0.43	0.8988
49	3034	聯詠	117	71800	0.42	0.903
50	1102	亞泥	29	97700	0.42	0.9072
51	3231	緯創	25.9	67000	0.39	0.9111
52	5871	中租-KY	62.5	71300	0.39	0.915
53	3702	大聯大	39.1	64800	0.36	0.9186
54	6239	力成	88.8	69800	0.36	0.9222
55	2356	英業達	23.45	84100	0.36	0.9258
56	1476	儒鴻	303.5	81800	0.35	0.9293
57	9921	巨大	195	73300	0.34	0.9327
58	5347	世界	59.1	101500	0.33	0.936
59	1504	東元	28.65	57400	0.33	0.9393
60	2379	瑞昱	118.5	59300	0.33	0.9426

名次	代號	名稱	股價（元）	市值（百萬）	占大盤比重（％）	累計比重
61	2498	宏達電	77.5	64600	0.32	0.9458
62	2377	微星	71.6	60200	0.3	0.9488
63	2347	聯強	33.35	52900	0.29	0.9517
64	8464	億豐	312	92400	0.28	0.9545
65	9910	豐泰	130.5	77500	0.27	0.9572
66	2353	宏碁	15	46000	0.27	0.9599
67	2542	興富發	49.2	57400	0.25	0.9624
68	2385	群光	72.6	51700	0.24	0.9648
69	2049	上銀	184	53200	0.23	0.9671
70	8299	群聯	257.5	50700	0.23	0.9694
71	4174	浩鼎	329	59800	0.22	0.9716
72	2915	潤泰全	62.6	58500	0.22	0.9738
73	9945	潤泰新	41.25	57300	0.21	0.9759
74	9914	美利達	157.5	47400	0.2	0.9779
75	2834	臺企銀	8.43	47900	0.2	0.9799
76	2408	南亞科	46.4	127800	0.2	0.9819
77	1722	台肥	42.9	41900	0.19	0.9838
78	1227	佳格	77.6	61400	0.19	0.9857
79	2618	長榮航	15.5	60000	0.19	0.9876
80	4958	臻鼎-KY	75	60400	0.19	0.9895
81	4147	中裕	185	46000	0.18	0.9913
82	2610	華航	9.92	53800	0.16	0.9929
83	2603	長榮	14.05	49200	0.15	0.9944
84	2201	裕隆	28.9	45500	0.15	0.9959
85	1434	福懋	30.8	51800	0.14	0.9973
86	3682	亞太電	10.35	44900	0.13	0.9986
87	2451	創見	87	37500	0.1	0.9996
88	5264	鎧勝-KY	95.8	32400	0.08	1

資料日期：2017 年 2 月 17 日

外資買賣超排行榜：
可以參考，別完全照買

　　根據金管會證券期貨局的統計，2016 年 5 月時，外資持有的台股，占總市值的 37.12%；相較於 14 年前的 21 世紀初占比才 15.4%（2002 年），高出了一半有餘。

　　也因此，焦慮的財經專家會說，台股恐怕已淪為「外資殖民地」。財經專家謝金河就經常在媒體上說，台灣的金雞母台積電，外資持股占比近 8 成，等於台積電每賺 100 元，要分 80 元給外國人；台積電 2016 年的現金股息總共發出 1,555.8 億，外國投資人就拿走了 1,218.4 億元股息。

　　也因為現在台股是「外資盤」，有一種新聞交易日天天都會看到，叫做「外資買賣超排行榜」，是證交所每天盤後都會統計的資料，大部分股票網站都能看見（見圖 2-5）。

圖 2-5　外資買賣超排行榜

設定查詢　集中市場 ◆　2016-10-26 ◆

外資買賣超前30名 > 集中市場　　　　　　　　　　　　　　　　　2016-10-26

買超					賣超				
代碼	名稱	買超張數	持股張數	持股率%	代碼	名稱	賣超張數	持股張數	持股率%
3481	群創	12220	3898001	39.16	2303	聯電	-12923	5152335	40.81
2409	友達	10682	4007232	41.63	2412	中華電	-7926	1697395	21.88
2317	鴻海	8443	7695147	49.20	2330	台積電	-5942	20675630	79.73
2888	新光金	5678	1819870	17.79	00633L	FB上証正2	-4075	22048	2.39
4938	和碩	3637	1383147	53.70	00637L	元大滬深300正2	-4013	20694	0.99
1312	國喬	3005	268683	28.99	2408	南亞科	-3945	195302	7.10
2885	元大金	2825	3871999	32.00	2328	廣宇	-3718	78163	15.07
3673	TPK-KY	2744	154426	44.55	2892	第一金	-3583	3094898	25.84
2883	開發金	2584	3719211	24.83	2311	日月光	-3398	6225657	78.57
1305	華夏	2564	151164	31.64	2884	玉山金	-2929	4852157	55.35
2002	中鋼	2313	2609609	16.54	2371	大同	-2656	332031	14.19
2881	富邦金	2294	3119174	30.47	6116	彩晶	-2432	335866	10.38
5880	合庫金	2277	2176432	18.37	2449	京元電子	-2428	556538	47.66
6283	淳安	2259	5459	7.03	4915	致伸	-2092	300482	68.02
2823	中壽	2247	2040851	58.75	2603	長榮	-1969	939860	26.75

　　所有外資買進的股票數量扣除賣出數量後，就能得出買超與賣超排行榜，**買超**代表許多外資直接用口袋投票，決定大舉買進某一檔股票，**賣超**則是大舉賣掉某檔股票。當然，能買或賣到進排行榜，多少代表這群股票專家一起看到了什麼，進而產生這種集體行為，在同一天裡大量買進或大量買出某檔個股。

　　對散戶來說，這份榜單看起來就像博客來即時榜或誠品的排行榜書牆，感覺這些股票既然上榜，就應該不會難看；套用在股市裡，就是機構法人看好的個股，應該有機會上漲。儘管這說法不算偏離事實，但裡頭還有兩個地方

要釐清。

首先，他**是法人你是散戶，你們的口袋深度差很大**，他們一次買幾百張臉不紅氣不喘，你買一張台積電搞不好只能定期定額買零股，或是久久才能買一張。所以，口袋深的法人買賣股票叫做「布局」或「調節」，口袋淺的散戶買賣股票叫做「定期定額」，這是有差別的。

「布局」意思是刻意不「梭哈」，明明有錢卻分批買進來降低成本風險，一天買進的也通常不只單一個股；而口袋淺的散戶就算先存到 6 位數的存款再進場，如果只鎖定一檔個股或許能分批買進，但若要分散風險，四、五檔股票各買一張也許已是極限。

兩者的資產配置不同，投資邏輯也不可能相同，跟著法人的榜單買，除非你懂籌碼面，否則看到外資買就跟著買，等到他們低調慢慢賣出的時候，就沒有榜單可以看了。雖然有外資賣超排行榜，但是他們也可以低調賣出，讓該個股不要進榜。

第二，外資認證過的股票確實可以買，因為他們至少會研究過財報數字，甚至有研究員出研究報告，**但要買外資認證的股票不應該看排行榜，而是看這家公司「籌碼分布」的外資占比是多少。**

籌碼分布就是股票持有者的分布統計，可以看出一檔股票流通在外的全部股數，有多少占比在法人手裡、多少

在大股東手裡、多少股票在散戶手裡。

外資的全名是「境外機構投資人」，他們當中有許多是國外的基金公司，募集資金後到國外尋求投資機會。比方說摩根資產管理公司（J.P. Morgan Asset Management），假設這家公司在美國成立了一支「摩根東方科技基金」，依照其名稱，則在其投資組合裡，勢必要納入台灣的科技股。

外國這樣的資金很多，包括日本來的、歐洲來的、大陸來的，這類資金在台灣就統稱為外資。近年因為證所稅與二代健保補充保費，有能力的內資也都把錢搬到國外，再以外資的身份進入台灣，使得台股的外資占比越來越高。根據台灣證券交易所發布的週報，台灣所有股票的總市值在 2016 年 11 月 7 日截止為 27.5 兆，外資持有 37%，等於手握 10 兆籌碼，是三大法人當中最高的。

例如圖 2-5 中買超的第一名群創（3481），外資持股比例是 39.16%，第四名的新光金（2888），外資持股比例是 17.79%，兩者都不低。因此，外資所謂的「調節」或「布局」就是我本來就大量持有這檔股票，賣出一部分就叫「調節」，多買一點就叫「布局」，這不過是某種「聽起來專

業一點」的說法。

　　一般來說，只要外資持有 10% 以上的個股，就可以視為外資認證股，可以放進選股名單進一步研究，但別衝動地馬上買進。股市專家常常拿這張榜單，以後見之明說明外資狂買的理由，他們會結合企業發布的利多消息加以解讀，但那都是他們已經買進後的事，散戶如果看了幾天排行榜決定要跟，搞不好隔天外資就轉買為賣。

記住，你的對錯，並不取決於別人的同意或反對。唯一重要的是你的分析與判斷是否正確。

波克夏・海瑟威公司副董事長 查理・蒙格

表 2-3　外資買超排行榜

資料日期：2016 年 11 月 23 日

名次	股票名稱／代號	成交價	漲跌	買超張數	外資持股張數	外資持股比率
1	國泰金（2882）	46.05	△0.60	15,905	3,325,807	26.47%
2	大同（2371）	9.48	▽0.01	9,841	470,013	20.09%
3	新光金（2888）	7.08	△0.11	9,544	1,831,137	17.90%
4	第一金（2892）	16.7	△0.06	8,161	3,085,348	25.76%
5	中鋼（2002）	24.6	△0.10	8,074	2,641,775	16.74%
6	彩晶（6116）	9.63	△0.11	6,686	379,339	11.72%
7	國喬（1312）	20.7	0	6,625	310,551	33.51%
8	鴻海（2317）	82	△0.8	6,240	8,376,464	48.33%
9	中信金（2891）	17.25	△0.05	5,393	7,382,673	37.86%
10	合庫金（5880）	13.8	△0.10	4,684	2,133,041	18.00%

資料日期：2017 年 2 月 16 日

名次	股票名稱／代號	成交價	漲跌	買超張數	外資持股張數	外資持股比率
1	鴻海（2317）	91.0	△0.1	19,155	8,865,658	51.16%
2	群創（3481）	12.55	△0.05	16,815	4,028,116	40.47%
3	華航（2610）	9.91	△0.22	10,277	870,384	15.90%
4	國泰金（2882）	49.05	△0.15	8,758	3,548,116	28.24%
5	新光金（2888）	8.49	▽0.07	8,168	1,940,648	18.97%
6	第一金（2892）	18.14	△0.04	6,987	3,190,044	26.63%
7	中壽（2823）	30.10	△0.70	6,687	2,005,649	57.73%
8	中鋼（2002）	25.90	▽0.40	5,987	2,856,165	18.10%
9	長榮海（2603）	14.15	▽0.05	5,917	957,970	27.27%
10	日月光（2311）	38.25	▽0.60	5,816	6,204,610	78.30%

比較 2016 年 11 月 24 日與 2017 年 2 月 16 日的買超排行榜，榜單內的股票已經有所不同，可見跟著外資買，或許能跟上一波漲幅，但問題在於我們往往不曉得他們何時開始賣。

董監事改選行情：獲利了結好時機

相較於外資有摩根行情，內資也有董監改選行情。所謂的董監事泛指企業內的大股東，是最清楚公司經營面的一群人。如果你觀察到大股東持股銳減，那公司內部肯定出了什麼問題；如果營收獲利衰退、但董監持股比率沒有銳減，則表示公司的營運沒有太大問題。

一般來說，上市櫃公司的高層分成四種。第一種是專業經理人，負責執行董事會的經營決策，營運整家公司；第二種是董事，是受股東大會委任，負責指導和帶領公司事務，為股東賺取獲利的人；第三種是監督董事與管理人員的監事，他們負責監督以上兩種人，有無違反法律及公司章程；第四種是大股東，凡是持股超過全公司 10％的人都算是大股東。

每家公司的董監事改選時間不同，但根據《公司法》的規定，董監席次每 3 年在股東會召開時改選一次。由於國內上市、櫃公司股東會召開高峰期通常落在 6、7 月，召開前 2 個月，股票必須停止過戶。因此，理論上若有董監事想要鞏固公司經營權，或是市場派想介入經營權、搶奪

董監席次，**每年的 4 月底前，是他們爭相買進持股的最後機會點。**

　　不過那是最後機會，通常想要爭經營權的大股東，會提前在前一年的第 4 季開始布局。2015 年 9 月，日月光（2311）欲入主矽品（2325）董事會，公告將以 45 元價格收購矽品股票，當時矽品每股才 40 元左右，這 5 元的價差代表 12.5% 的報酬率，即是日月光為了爭奪矽品經營權而出現的董監改選行情。

圖 2-6　矽品月線圖

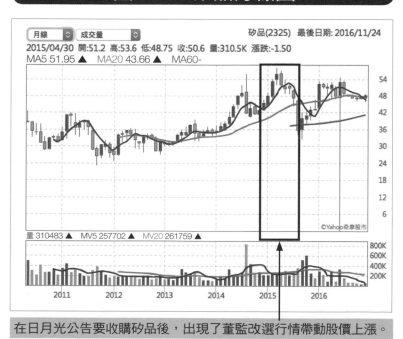

在日月光公告要收購矽品後，出現了董監改選行情帶動股價上漲。

　　2016 年 8 月，傳出潤泰集團的尹衍樑有意入主中信金，
股價從 18.35 元最高漲到 19.7 元，單日漲幅近 7%，辜家
為了保住經營權也拚命找人幫忙買股票。只是後來因為尹
衍樑出師不利而不了了之，股價也回跌到 17 元上下，否則
改選行情若是延燒到召開 12 月召開臨時股東會，應該有機
會漲更多。

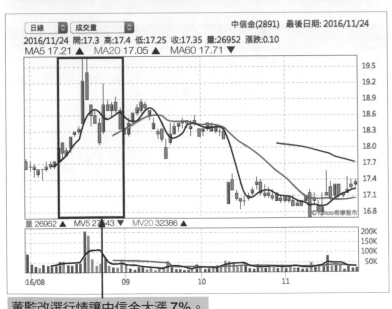

圖 2-7　中信金日線圖

董監改選行情讓中信金大漲 7%。

目前董監事行情最激烈的是大同（2371），已經從 5.5 元漲到 9.5 元，漲幅高達 72.7%！據說是大同公司有一批大股東不滿董事長將大同集團當成家族企業經營，罔顧股東權益，正在集結一批股東，要爭奪董事席次，逼董事長下台。為了逼董事長下台把股價推到這麼高，真的是拿血本去拼。

這件事 2016 年 7 月已有媒體報導，但董監事行情 9 月才開始發酵。根據三立財經台的報導：「大同集團營運虧損連連，讓股東們再也無法忍受，在臉書上組了自救會，成員們痛批林蔚山和林郭文艷夫妻倆，根本是把大同當成家族企業經營，不顧股東權益。現在已經串聯超過 100 人、16 萬張股票，要進入董事會救大同。」

最新觀察到的情況是，連外資也跑進來買了。截至 11 月 24 日時，外資持股為 20.09%，而在上一週，大同是外資買超第一名，當時持股 19.47%，可見外資還在持續買進，想要參與這一次的董監事行情。

不知道本書出版時，這個行情還在不在。不過，我個人覺得**董監行情不是買進的理由，倒是獲利了結的好時機。**畢竟就像中信金，還沒撐到臨時股東會就沒戲唱了，你會不曉得該何時賣出或停損；或是像大同這種基本面不優的公司，儘管股東會召開之前可以預期還會繼續漲上去，但這種漲幅只是虛胖，總有一天會被打回原形，不適合用來

長期投資。

因此，即便是寫稿的此時，我預期大同還是繼續漲，也寧可選擇看看熱鬧就好。就像巴菲特說的：「我們不希望與那些缺乏值得尊重品格的管理者為伍，無論他們企業的前景有多麼吸引人，我們從沒有和一個壞人成功地做過一筆好生意。」

圖 2-8 大同日線圖

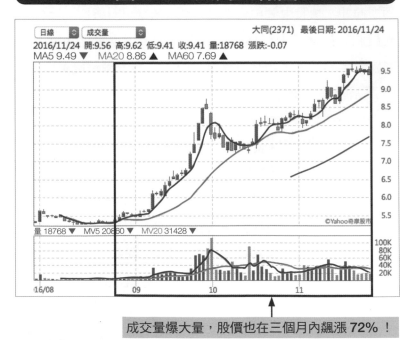

成交量爆大量，股價也在三個月內飆漲 72%！

表 2-4　外資買超排行

名次	股票名稱／代號	買超張數	外資持股張數	外資持股比率
1	大同（2371）	51,456	455,582	19.47%
2	中信金（2891）	39,791	7,336,541	37.78%
3	中壽（2823）	36,232	2,093,839	60.27%
4	玉山金（2884）	32,979	4,856,759	55.40%
5	國泰金（2882）	20,861	3,298,316	26.25%
6	彩晶（6116）	20,758	367,187	11.35%
7	富邦金（2881）	17,245	3,136,976	30.65%
8	光寶科（2301）	17,126	1,356,650	57.70%
9	晶電（24448）	15,658	204,367	18.71%
10	萬海（2615）	14,993	878,616	39.60%

資料日期：2016 年 11 月 13 日～ 2016 年 11 月 19 日

大同的董監事改選行情，連外資都看上眼。

集團股：會交叉持股常一榮俱榮、一損俱損

2016 年 11 月下旬，復興航空（6702，股名興航，已於 2017 年 2 月 2 日下市）爆出停飛消息，知名理財作家雷浩斯當晚在臉書上 PO 出中興保全（9917，股名中保）的財報，上頭顯示中保持有復興航空股份 10%，隔天中保股價馬上跌 3 塊錢，隔天的新聞報導更仔細地指出：「復興航空停飛，集團內的國產（2504）、中保分別持有興航 40.25% 與 15% 股權，今年還對興航增資，兩家公司損失不輕，今日開盤賣壓蜂擁而出，國產今日跳空以 6.26 元開出，晨盤跌停超過 9%，中保相對抗跌，跌幅將近 3% 左右。」

新手在認識各檔股票時，腦中宜內建一些集團股的概念，因為**集團股多半像復興航空、中保與國產這樣，彼此交叉持股，很容易一榮俱榮，一損俱損。**

說「一榮俱榮」可能還太好聽，很多時候集團內的明星企業強者恆強，彷彿贏家全拿，其他股票未必能一人得道雞犬升天，可是當集團內有拖油瓶時，卻很容易一起下跌。之前新聞爆出潤泰集團尹衍樑有意入主中信金董事

會的消息時，潤泰集團旗下的潤泰新（9945）與潤泰全（2915）股價持平，倒是併購不順利之後，兩檔股價雙雙下跌。因此，在研究股票時，不妨查一查，該個股有無隸屬於哪一個集團；或是該個股的財報中，有無哪些公司的持股。

例如精英（2331）在 2015 年發了 5 元股利，大同持有精英約 3 成的持股，因此新聞發布了「精英高配息，大同吃補」的消息，因為大同將會是精英發放現金股利的最大受益人。然而仔細研究，就會發現精英的高配息來自資本公積（歷年累積在公司帳戶沒有分配出去的盈餘），而非公司真實的獲利，說穿了就是母公司大同缺現金，而去左右董事會的股利政策，並非這家公司真的賺錢。

到了 2016 年精英爆出有 29 億的鉅額呆帳必須認列，股價從 2015 年 32 元高峰腰斬到只剩 13 元上下，股東串連起來向經營者抗議。雖然大同的股價沒有因此大跌，但這樣亂搞的公司，股息發得再漂亮，都該從選股名單中刪除。

更遠一點的例子，如被頂新集團買下的味全食品，受黑心油事件所累，一起遭到消費者抵制，由此看來，集團股有一個特點，就是當經營者誠信出問題時，很容易產生「一顆老鼠屎壞了一鍋粥」的效應。

表 2-5　台灣集團股一覽表

台塑集團		聯華神通集團		台南幫集團		台聚集團	
1301	台塑	1229	聯華	1104	環泥	1305	華夏
1303	南亞	1313	聯成	1216	統一	1309	台達化
1326	台化	2315	神達	1440	南紡	1304	台聚
1434	福懋	2347	聯強	2108	南帝	1308	亞聚
2408	南科	2471	資通	2511	太子	8121	越峰
6505	台塑化	3005	神基	2855	統一證	富邦集團	
8046	南電	4906	正文	2912	統一超	2881	富邦金
3474	華亞科			9907	統一實	3045	台灣大
3532	台勝科			9919	康那香		
金仁寶集團股		聯電集團		統一集團		裕隆集團	
1312	金寶	2303	聯電	1216	統一	1417	嘉裕
2324	仁寶	2363	矽統	1232	大統益	1525	江申
3063	飛信	3014	聯陽	2434	統懋	2201	裕隆
5340	建榮	3034	聯詠	2855	統一證	2204	中華
6282	康舒	3035	智原	2912	統一超	2227	裕日車
8078	華寶	3037	欣興	8905	裕國	2338	光罩
9105	泰金寶	3227	原相	9907	統一實	3016	嘉晶
3157	威寶	5467	聯福生	9919	康那香	3059	華晶科
3195	統寶	6147	頎邦	5902	德記	9941	裕融
3590	時緯	6202	盛群				
3596	智易						
神達集團		大同集團		和信集團		力晶集團	
1229	聯華	2371	大同	1101	台泥	2348	力廣
1313	聯成	2442	美齊	1312	國喬	3051	力特
2315	神達	2475	華映	2104	中橡	5202	力新
2347	聯強	8085	福華	6173	信昌電	5346	力晶
3005	神基	8099	大世科	4725	信昌化	6239	力成

宏碁集團		長榮集團		華新集團		明碁集團	
2353	宏碁	2603	長榮	1605	華新	2352	佳世達
3041	揚智	2607	榮運	2344	華邦電	2409	友達
3046	建碁	2618	長榮航	2492	華新科	5443	均豪
3231	緯創	5009	榮剛	5469	瀚宇博	3080	威力盟
6281	全國電	5506	長鴻	6116	彩晶	8163	達方
6285	啟碁	2851	中再保	8110	華東		
矽品集團		友訊集團		金鼎集團		台積電集團	
2325	矽品	2332	友訊	2367	燿華	2330	台積電
2446	全懋	2444	友旺	6012	金鼎證	5347	世界
2449	京元電	3380	明泰	8933	愛地雅	3443	創意
6257	矽格	6142	友勁	1815	富喬	3374	精材
耐斯集團		三商行集團		威京集團		鋐德集團	
1217	愛之味	2427	三商電	1314	中石化	2349	錸德
5701	劍湖山	2905	三商行	2515	中工	2406	國碩
2889	國票金	4119	旭富	2537	春池	3050	鈺德
遠雄集團		士林紙業集團		霖園集團		華榮集團	
5522	遠雄	1903	士紙	2501	國建	1608	華榮
5607	遠雄港	2615	萬海	2882	國泰金	2009	第一銅
能率集團		仰德集團		龍邦集團		東陽集團	
5392	應華	1503	士電	2514	龍邦	1319	東陽
6123	上奇	2704	國賓	2833	台壽保	1523	開億
東元集團		永豐餘集團		威盛集團		中鋼集團	
1504	東元	1905	華紙	2388	威盛	1535	中宇
2321	東訊	1907	永豐餘	2498	宏達電	1723	中碳
2431	聯昌	2890	永豐金	5344	立衛	2013	中鋼
5438	東友	5349	先豐	6118	建達	2014	中鋼構
8249	菱光	8069	元太	8068	全達	9930	中聯資

鴻海集團		亞東集團		新光集團		南亞集團	
2317	鴻海	1102	亞泥	1409	新纖	1303	南亞
2328	廣宇	1402	遠紡	1419	新紡	2408	南科
6121	新普	1460	宏遠	2850	新產	6505	台塑化
2354	鴻準	1710	東聯	2887	台新金	力麗集團	
2392	正崴	2606	裕民	2888	新光金	1444	力麗
3062	建漢	2845	遠東銀	9908	大台北	1447	力鵬
3481	群創	2903	遠百	9925	新保	5512	力麒
6298	崴強	4904	遠傳	9926	新海		
光寶集團		日月光集團		中信銀集團		台達電集團	
2301	光寶科	2311	日月光	2823	中壽	2308	台達電
5305	敦南	2350	環電	2891	中信金	2452	乾坤
8008	建興電	2527	宏璟	6008	中信證	6138	茂達
大眾集團		國巨集團		正隆集團		寶來集團	
3701	大眾控	2327	國巨	1904	正隆	2854	寶來證
5410	國眾	2375	智寶	2616	山隆	5210	寶碩
6022	大眾證	2456	奇力新	8931	大汽電	6023	寶來期
大億交通集團		廣達集團		義聯集團		力山集團	
1521	大億	2382	廣達	2023	燁輝	1515	力山
1522	堤維西	6188	廣明	2007	燁興	4513	福裕
8107	大億科	3306	鼎天	9957	燁聯	4529	力武
永大機電集團		國產集團		茂矽集團		潤泰集團	
1507	永大	2504	國產	2342	茂矽	2915	潤泰全
4523	永彰	9917	中保	5387	茂德	9945	潤泰新
中纖集團		聯發科集團		美吾華集團		泰山集團	
1718	中纖	2454	聯發科	1731	美吾華	1218	泰山
2812	台中銀	3041	揚智	4108	懷特	5903	全家
4707	磐亞	3538	曜鵬				
茂迪集團		宏泰集團		偉聯集團		萬華集團	
6227	茂綸	2534	宏盛	2612	中航	2701	萬企
6244	茂迪	2849	安泰銀	9912	偉聯	2706	第一店

景氣循環股：趨勢走長線最好順勢而為

景氣循環股大多是原物料相關的傳產股，例如：

- 鋼鐵：中鋼（2002）、豐興（2015）等。
- 水泥：台泥（1101）、亞泥（1102）等。
- 地產：興富發（2542）、華固（2548）等。
- 航運：裕民（2606）、新興（2605）等。
- 塑化：台塑（1301）、台化（1326）等。

你可以發現，前三項都跟基礎建設有關。

2004 ～ 2008 年北京奧運前，中國拚命趕硬體建設進度，拚命買建材，結果國際鋼價大漲，海運與石油價格也跟著水漲船高，台灣的鋼鐵龍頭中鋼股價，也跟著國際鋼價水漲船高。

但到了奧運前一刻，基礎建設戛然而止，鋼價需求不再那麼高，但大陸的煉鋼廠已經有如雨後春筍般冒出，煞車煞不住。之後為了「去化產能」，也避免太多下崗工人造成民變，明明沒有這麼多需求了，中國還是繼續生產鋼

鐵，最後鋼價還是大跌，中國大大小小的鋼鐵廠不得不進行整併以求生存，但中鋼還是在這場大跌的趨勢中，財報成績被拖下水。

海運也很慘，韓國的韓進已經破產，然而在 2008 年金融海嘯發生前，新聞滿是海運需求大增，各大海運公司紛紛預訂新船隻的新聞，如今需求大減，股價也直直落。請看圖 2-9 走勢圖，景氣循環股就是像這樣，產業景氣好的時候長線上升，壞的時候也是長線下降，萬一不幸買在股價轉跌的高點，那不知道要被套牢幾年才能脫身。

因此，近年大流行的存股族，都會避開這種股票。

圖 2-9　4 檔景氣循環股走勢圖

目前顯示項目：概念股－航運股（共計4筆）

代號	名稱	股價日期	成交	漲跌價	漲跌幅	成交張數	成交額(百萬)	昨收	開盤	最高	最低	PER	PBR	一個月走勢圖	三個月走勢圖	半年走勢圖	一年走勢圖	三年走勢圖
2609	陽明	11/24	5.7	-0.06	-1.04%	11,450	65.9	5.76	5.76	5.84	5.7		0.99					
2610	華航	11/24	10.25	+0.79	+8.35%	86,560	869	9.46	9.6	10.3	9.6	22.8	0.98					
2618	長榮航	11/24	15.85	+0.25	+1.6%	30,960	493	15.6	15.6	16.1	15.6	12.6	1.17					
2636	台驊	11/24	20.65	+0.1	+0.49%	107	2.23	20.55	20.6	21	20.6	11.3	1.08					

資料日期：2016 年 11 月 25 日

如今川普當選美國總統，他的政見之一是要舉債改善美國基礎建設，包括蓋新機場，整頓公路等等。也許等他上台後，這些類股會啟動向上的景氣循環。

產業龍頭股：
壟斷或寡占，才是真龍頭

　　龍頭股是指各產業在規模、市占率、市值、營業額、利潤乃至知名度等方面，具有一定領導地位的上市、上櫃企業。例如，講到電信業大家一定會想到中華電信（中華電），講到便利商店就會想到小七（統一超，2912），講到自行車就會想到捷安特（巨大，9921），講到半導體一定會想到台積電。

　　有些產業你還喊得出業界的老二、老三是誰。比方說，中華電、台灣大與遠傳合稱為「電信三雄」，水泥業除了台泥還知道有亞泥，超商除了統一還有全家（5903）。但是做光學鏡頭的，除了大立光（3008）還有誰？實際上大立光的手機鏡頭全球市占率第一，高達 20%，在台灣可以說是沒有對手，想不起它的對手有誰，對散戶來說也很正常。

　　寡占市場的龍頭股因為企業擁有「定價權」，通常獲利穩定，但股價也偏高，大立光就是這樣。而無法甩開與業界老二、老三競爭的龍頭股，經常會聽到「補漲效應」這個詞，假設近期台灣大漲了 10 元左右，市場就會期待中

華電也補漲相當的幅度。還有人會專門買「老二」，認為老二比龍頭股便宜，也更有成長空間。但是不是真的有這個效應，每個產業都不一樣，必須經過觀察才知道。

　　無法甩開與業界老二、老三競爭的龍頭股，比較有機會賺到災難財，例如華航（2610）出事，長榮航（2618）受惠；或是興航出事，傳出華航接收全部航線，不管是不是事實，都可能助長一波漲幅。但像是雞肉、飼料大廠大成（1210）與卜蜂（1215，好市多的去骨雞腿排就是由卜蜂供應），要是全台禽流感，大概兩檔股價都會一起下挫。有些人看到業界的老大、老二股價一起跌，會擔憂這個產業是不是走入衰退，但其實這是進場的好時機，因為禽流感總會過去的。

　　有些產業的對手沒有掛牌上市。例如，統一超 2016 年第四季以來，股價從 261 元跌到 241 元，跌幅近 8%，外資分析認為這家公司的未來，恐怕會受到基本工資調漲影響導致成本增加。但另一個原因恐怕是，單就上市公司來看的話，統一超的對手或許是全家，但實際上的對手卻還包括全聯。統一超在上市公司裡也許算是龍頭股，但在現實的商業競爭裡，地位岌岌可危。

　　因此，對於各行業的龍頭股，觀察重點在於它是寡占的龍頭？還是市場前三名競爭很激烈的龍頭？它的真實對手是誰？這些因素會影響你對這檔股票擬定的進出場對

策，或至少當有專家說可以期待「補漲行情」時，你能判斷真偽。

表 2-6　各產業龍頭股代表

產業	代號	股票	近60日平均股價（元）
半導體	2330	台積電	183.63
電子代工業	2317	鴻海	81.63
鋼鐵業	2002	中鋼	22.58
金融業	2881	富邦金	45.44
電信業	2412	中華電	111.08
塑膠業	1301	台塑	81.37
食品業	1216	統一	59.06
航運業	2610	華航	9.38
紡織業	1402	遠東新	23.73
水泥業	1101	台泥	36.41
橡膠業	2105	正新	65.16
IC設計業	2454	聯發科	238.31
通路業	2912	統一超	246.31

資料日期：2016 年 11 月 22 日

最大笨蛋理論：小心別「最後」才進入股市

股市裡除了觀察股票，還要觀察市場裡誰在跟你玩。因為你在買賣股票，別人也在買賣股票。

你需要了解的不只是自己的投資個性，還有其他人的投資行為。畢竟**要成為市場贏家，實務上的關鍵是找到腦波比你弱、比你更加把持不住的人「抓交替」**，而不是立下一年想要獲利 500% 的遠大夢想。

這聽起來感覺損人利己頗為缺德，可是，「買股」就是你相準了現在是低點有機會上漲，「賣股」就是你判斷

最大笨蛋理論（Greater Fool Theory），由經濟學大師凱因斯提出。當你不知道某個股票的真實價值，你為何會花 20 元去買走 1 股呢？因為你預期有個更大的笨蛋會花更高的價錢把它買走，你就可以從中賺到價差，當然，這就是最大笨蛋理論，也稱為「博傻理論」。

「最大笨蛋理論」揭示了投機行為背後的動機，投機行為的關鍵是判斷「有沒有比自己更大的笨蛋」，只要自

己不是最大的笨蛋，那麼自己就是贏家；假如沒有下一個願意出更高價格的更大笨蛋來做「下家」，那麼你就成了最大的笨蛋。

高點已到必須獲利了結，那麼，請問賣給你低價股跟買你高檔出脫股票的，又是誰呢？

在股市術語裡，這叫做「尋找下一個傻瓜」，假如沒有下一個願意出更高價格的傻瓜來做「下家」，那麼你自己就是市場裡最後一個傻子。就像巴菲特說的：「牌過三巡，你還不知道牌桌上誰是傻瓜，那麼你就是那個傻瓜。」也因此，股市高手不會只研究股票，也會研究對手，你有必要知道市場裡大概有哪些對手，他們的行為模式如何。

如果依照持有時間長度分，可分成「當沖客」、「賺價差」、「存股族」等。

當沖是當天買當天賣，目的當然是賺價差，他們會根據股票交易的價與量決定要不要進場。賺價差的人多半仰賴技術分析尋找買賣點，只是持有時間最長可能會到 3 ～ 5 年甚至更久，但他們的目的不是股利。

存股族則是買進後基本上就不會動，他們的策略是「買進持有」（buy and hold），以股神巴菲特為代表人物。但這幾年也很多人是「基於存股理由買進」，「基於價差理

由賣出」。因此現實生活中，很多人是在這三種策略中換來換去。

　　如果依照持有者的行為分，可參考柯斯托蘭尼的《一個投機者的告白》（商業周刊，2014），他把投資人分成兩類：「固執者」與「猶豫者」，並說：「長期來看，固執的投資者是證券市場中的勝利者，他們的獲利是由猶豫的投資者支付的。」這話說得太含蓄，巴菲特比較直白，他說：**「股市是一個財富再分配的場所──錢會從頻繁進出者的口袋轉到耐心者的口袋裡。」**

　　在柯斯托蘭尼的定義裡，固執者多為堅守投資原則的高手，猶豫者則多為跟隨市場風向的散戶，並據此來判斷市場處於哪一個階段。詳細說明如下 6 點。

　　① 出現不利消息時，股價沒有下跌，代表行情接近最低點：此時猶豫者已經把所有持股賣掉，甚至包括原來留下來最好的、最抗跌的股票。科斯托蘭尼認為，這表示有大量股票從猶豫者轉移到固執者手裡，而固執者對不利消息不感興趣，是接近下一次起漲點的信號。

　　2008 年 9 月爆發金融海嘯，台股從 6,967 點在 3 個月重挫至 3,955 點，就是散戶的資產被股市腰斬嚇壞了，全都恐慌性拋售。一個投資人能否獨立思考全看此時你敢不敢進場。

　　② 出現有利消息，股價卻沒有反應，表示行情接近最

高點：代表猶豫者（散戶）滿手股票，即便聽到利多也無餘錢可買了；而固執者有錢卻不想要這個時候進場。

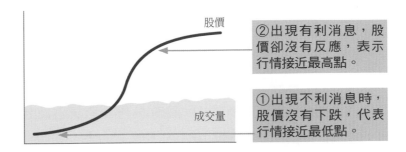

股價

②出現有利消息，股價卻沒有反應，表示行情接近最高點。

①出現不利消息時，股價沒有下跌，代表行情接近最低點。

成交量

③ **成交量增加，股價卻持續下跌**：表示有大量股票從猶豫者手中轉到固執者手中，是上漲的訊號。

④ **成交量大、股價卻持續上漲**：也是前景堪慮，因為猶豫者（散戶）會進場買股票，但他們不像法人籌碼這麼多，很難持續買下去；也就是說，此時散戶會不會套牢，全看法人願不願意繼續加碼買進，這種情況對散戶來說當然非常危險。

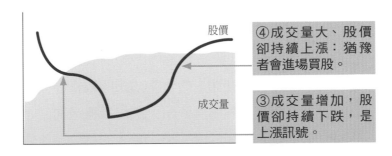

股價

④成交量大、股價卻持續上漲：猶豫者會進場買股。

③成交量增加，股價卻持續下跌，是上漲訊號。

成交量

⑤ **成交量小，股價也下跌**：代表市場前景堪慮，因為股票還在猶豫者手裡，他們還在等待市場恢復元氣；但如果行情繼續下跌，他們就會變得恐懼，突然把所有股票低價賣掉。

我在 2008 年的金融海嘯就親眼目睹過這種情況，當時我待在一家財經媒體，裡頭幾個財經記者投資金磚四國的基金，他們幾乎都觀望到淨值跌破 50% 才全數認賠殺出，而不是設下停損點，在跌幅 10% 或 20% 時就趕快出脫。

⑥ **成交量小、行情看漲**：非常有利的情況，代表股票還在固執者手中，尚未轉移給猶豫者，所以指數肯定會繼續漲，以吸引猶豫的投資者，因為固執的投資者就等著把股票賣給猶豫者。

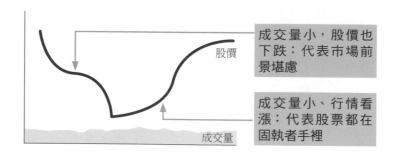

記得以上只是柯斯托蘭尼對當時股市的觀察，不代表現在也適用。台股成交量年年萎縮，所以這種通則言之成理，但在台股可能只適用於成交量比較大的個股。此外，

要想清楚你是猶豫者還是固執者、或者是想當固執者的猶豫者，想當猶豫者的固執者，買張股票就清楚了。

還有一件事。買之前你可能會想問：要怎麼查詢一檔股票的持有人是哪些？現在有股票 App 很方便很多，只要查詢個股「基本資料」中的「籌碼分布」就能找到。以下面 3 張圖為例，我們可以把散戶視為猶豫者，外資與董監持股視為固執者，則台積電幾乎都由固執者持有，股價要恐慌性下跌的機率就不高；國泰金的散戶持股較高，可能壞消息一出，就會跑光光。

沒有 App 的人，可以上網查康和綜合證券的「股票籌碼分布」，它一樣會以圓餅圖列出散戶持股與大戶（董監＋法人）持股的百分比，藉此來觀察籌碼的安定度。

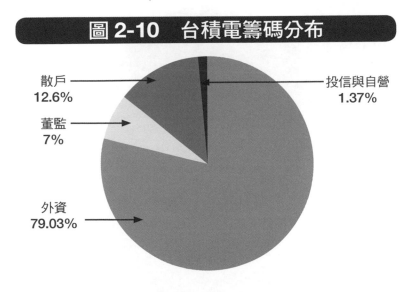

圖 2-10　台積電籌碼分布

散戶
12.6%

投信與自營
1.37%

董監
7%

外資
79.03%

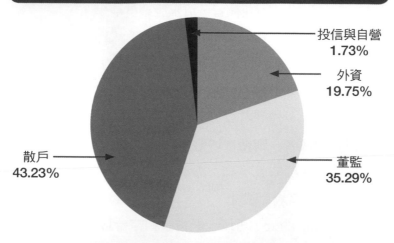

圖 2-11　中華電籌碼分布

投信與自營
1.73%

外資
19.75%

散戶
43.23%

董監
35.29%

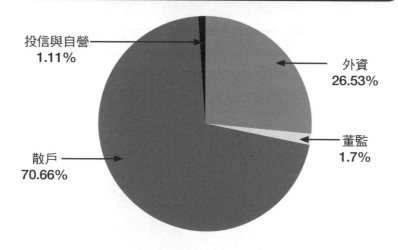

圖 2-12　國泰金籌碼分布

投信與自營
1.11%

外資
26.53%

散戶
70.66%

董監
1.7%

別問哪種方法賺最多
要想哪種方法適合我

打開跟投資有關的報章雜誌或是電視節目，你會發現所有的股市達人都被逼著回答一個問題：「要怎麼選股才會賺？」因為選對股票讓你荷包滿滿，選錯股票讓你套到天荒地老。所以每個人都想知道真正有效安全的選股方式。

然而，這是新手的迷思，真正投入過股票市場的人就知道，最該問的絕對不是「怎麼選股才會賺」。因為事實上，沒有成功的選股方法，只有成功的進出場時機。這句話太重要了，所以我要覆述三次。

沒有成功的選股方法，只有成功的進出場時機。
沒有成功的選股方法，只有成功的進出場時機。
沒有成功的選股方法，只有成功的進出場時機。

為什麼？就像巴菲特說的，投資人最重要的特質不是智力而是性格。

我曾有幸在 89 元低點買進中華電，它一度漲到 95 元。我很得意買在低點，結果等它跌到 93 元，我擔心獲利不見

就趕快賣掉，如果我等到現在的 112 元，那賺到的就不是 4 塊，而是 23 塊錢了。若是加上這 3 年所發放的股利，等於少賺 30 塊錢，那可是 33.7% 的報酬率，除以 3，一年也有 10% 左右。

我也曾有幸在台積電 139 元的低價買進，但漲到 159 元我就自認是極限了，如今漲到 189 元，一張就少賺 50 元。這次更慘，36% 的報酬率飛了。

近一點說，2016 年中信金碰上洗錢案醜聞，我也有幸在 16 元低點買進，卻漲到 18 元就忍不住賣掉。這種手癢難耐的性格，別說存 300 張，30 張都做不到。

以上還是有賺錢的例子，停損出場的我就不說了。總之，人在股市裡，要謹記亞馬遜貝佐斯的名言：「經營者常錯以為智商會跟著股價增加。」其實投資人又何嘗不是呢？明明跟隨的是別人穩賺不賠的選股策略，卻經常自以為聰明的半途轉彎，本來想存股變成賺價差，本來想賺價差的因為套牢只好「存」起來。

所以，選股方法百百種，敢寫書跟大家分享選股方法的投資達人，其方法一定跟達人的個性搭配得天衣無縫，才能不斷創造成功，而不是僥倖地賺幾回而已。

市面上可以學的選股法一大堆，看基本面的、看技術面的、看籌碼面的，每個人都能說出一套他們這樣選的好理由。**新手要做的是了解自己的性格適合怎樣的方法，而**

不是哪個看起來報酬率驚人就去學哪個。

因此，別問哪種選股方法會成功，要問自己適合什麼選股方法。

在股市裡最需要的是獨立思考的腦，安德烈‧科斯托蘭尼在《一個投機者的告白》中說：「想做到獨立思考，要先從解讀資訊做起。」至少第一步，要能判斷該資訊適不適合我的個性。不然就會像我一樣，根據價值投資的邏輯來選股，卻老是賺到一點點價差就跑，明明跟隨的都是成功的選股策略，也挑到低點買進，但忍功輸人家，獲利也跟著差達人一截。

那要怎麼了解自己的投資個性？很簡單，挑一檔股票買下去就對了。或許有人會說：「幹嘛跟著買？有一些網站可以模擬進出場就知道績效了。」可是模擬投資頂多能讓你更加熟悉投資策略的應用，因為用的不是真正的錢，真賠掉了還是不痛不癢，頂多鼻子摸摸再來一次。

唯有真槍實彈，你才會了解把自己辛苦存的錢投進去後，你是會天天盯盤？還是真的可以都不管它？虧損時會想立刻認錯停損？還是會堅守不退？這些在實戰以前都是紙上談兵，真的把錢投進股市，你會發現你才跟朋友信誓旦旦地說絕對不會賣，沒幾天股價反彈就默默賣光光（好啦，我承認就是我）。

唯有真的買一張股票「試水溫」，你才能了解自己決

策的轉折點是什麼，對虧損的忍受度有多高，以及更重要的——容不容易只賺一點點就跑。如果是的話，技術指標的選股策略，可能比價值投資法更適合你。

投資的態度要符合自己的個性及想要的生活方式。

斯迪富融資公司資深投資組合經理人
羅伯特・海格斯壯

定存股：想賺股利
也得你自己沉得住氣

定存股在台灣已經流行非常久了，是觀察台股生態一定要了解的概念之一。簡單來說，就是因為央行定存利率直直落，喜歡存定存的保守型投資人，很難像以往一樣認真存錢就能靠利息收入退休。也可以說各國政府的低利率政策，確實把一批定存族逼進了股票市場，這群人尋覓的投資標的，便是像定存一樣可以穩穩領利息的股票。

既然是想在股票市場裡領股息，買進價格便決定了現金殖利率，也就是花多少錢買股票，可以領到多少股利。例如一張中華電 100 元，每年平均發放 5 元的現金股利，則現金殖利率就是 5％。如果你買進中華電時一張才 80 元，殖利率就是 6.25％。所以你也會看見探討定存股主題的文章，通常都會強調要買在夠低價、要計算「安全邊際」、要注意公司有沒有「護城河」。

護城河是指公司在與同業競爭時，具有難以跨越的優勢，這樣的企業就能判定它將來應該還能維持業界龍頭一段時間。例如中國的半導體業者一直積極挖走台積電的研發人才，就是因為台積電自己有研發能力，不用向外國買

技術或專利，甚至能跟它的競爭對手英特爾並駕齊驅。

安全邊際簡單來說就是替你想買的價格打個折。假設中華電，你判斷它的價值有 100 元，但是你決定 80 元以下才要買進，這 20 元就是你的安全邊際。一般來說，安全邊際正是目標價格打 8 折，所以你會看到存股族在討論便宜價、合理價與昂貴價。合理價就是目標價，便宜價就是合理價打 8 折。

以中華電為例，觀察圖 2-13 可以發現，近 6 年來，它股價低於 88 元的時間非常少，如果能在 80 元的價位買進，先別說股利發多少，光是看到報酬率始終是正值沒有虧損，買了也比較不會隨便就賣掉、晚上也比較睡得著。

至於昂貴價要不要賣出，市面上有許多達人，每個人給的意見都不太相同，投資新手還是要權衡自己的性格決定自己的操作原則。不過以定存股所推崇的股神巴菲特來說，他的策略就是夠低價買進，然後買進後持有（buy and hold）。他的財富雪球就是這樣越滾越大的。

但他也說「別人貪婪時我恐懼，別人恐懼時我貪婪」，所以他恐懼時到底有沒有賣股呢？當然有，只是一般投資大眾知道的時間，都是主管機關要求他的波克夏公司公開資訊、或是他寫給股東的公開信的時候了，**即便是巴菲特在進出股市時，都不希望別人知道他在買賣些什麼，因為別人知道，他就買賣不到好價錢了**（因為買進標的會被追

高價位，賣出標的價位則會被殺低）。

由於定存股牽涉到完整的基本面知識，相關的概念還包括成長股與除權息行情等等，所以這個重頭戲得在下一章——基本面——才能好好講清楚。說是重頭戲，是因為近幾年來存股蔚為主流，但存股不成賠價差的人相信不只我一個。

請先喘口氣，準備好了再繼續，因為下一章要說的是：股價上漲最基本的理由是什麼。

圖 2-13　中華電月線圖

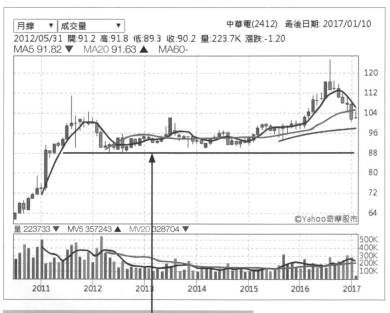

中華電近年股價靠近 88 元的時間非常少。

Chapter

3

不想遇到地雷股
就得先看基本面

知道一家公司過去是否賺錢，雖然不代表股價一定上漲，但
可避開地雷股，而避開地雷股，只需要知道幾個關鍵數據。

1　基本面：股價上漲最基本的理由
2　財務報表：避開地雷的第一道防護
3　財報公布時別急著買，因它反映的是過去績效
4　公司生意好壞，別只看數字，要看成長率
5　看到利多消息，要假設自己是最後知道的人
6　公司獲利看 EPS，股價貴俗看本益比
7　毛利須扣掉管銷成本，淨利得注意業外損益
8　ROA、ROE 看出公司賺錢效率
9　現金殖利率越高越好，但得多看幾年比較安全
10　不只要看配股配息，也要看能否「填權息」

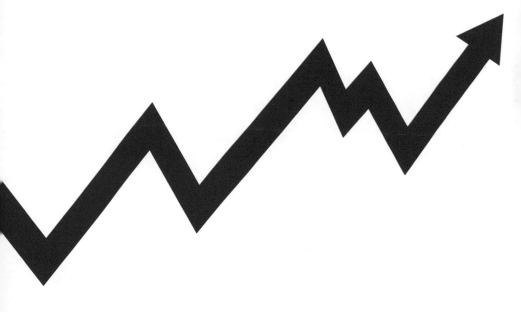

基本面：
股價上漲最基本的理由

德國股神安德烈・科斯托蘭尼在《一個投機者的告白》裡說過一個故事：一名男子帶狗散步，狗先跑到前面，再回到主人身邊；然後又跑到前面，感覺自己跑遠了，又跑回主人身邊。整個散步路程，這隻狗一直重複相同的行為，最後狗跟主人一起抵達終點時，主人走了一公里，而來回跑來跑去的狗卻走了 4 公里。

科斯托蘭尼認為主人就像經濟，狗則像上上下下的證券市場，這個譬喻用在「股價」與「價值」也通。價值就像主人，股價就像不肯乖乖待在主人身邊的狗兒，會來回跑來跑去，但終會回到主人身邊。

在股市裡，股價不理性地被追高殺低，因素非常多，但總有回歸價值的一天，有一派投資人將這種現象稱為「價格回歸價值」，他們所崇尚的「價值投資法」，就是尋找價格低於價值的股票。而尋找的工具之一，就是基本面分析。

不過，這並不是說價值不會變動，價值能夠大幅成長的公司，就被稱為「成長股」，是投資人最喜歡的投資標

的，不管是看基本面、技術面還是籌碼面的人，看到這種公司絕不會放過。

說到成長股，很多人會直覺反應是指「股價成長」，而聯想到要看股價走勢、看 K 線圖等技術面的分析。但成長股的「成長」並非指股價的成長，而是企業的成長，其原理簡單來說就是：企業要具備賺錢的能力，才會有獲利，股東也才能拿到分紅。」巴菲特的合夥人查理‧蒙格在《窮查理的普通常識》（商業周刊，2014）中說：「波克夏數千億美元資產的大部分，就來自這些更為優質的企業。」這些「更為優質的企業」，就是成長股。

這種股票非常稀少，根據統計，只有 13% 的公司能在10 年期裡維持成長。要成長多少才算是成長股？有些專家覺得每年連續獲利成長 30% 以上才算。總之，要找這類股票，得學會看基本面數據。

如此說來，價值投資者看基本面，看技術面與籌碼面的人也會參考基本面，以免踩到地雷。基本面可以說是判斷一家公司好壞的基本，那麼，這個「基本」到底是什麼？其實就是這家公司到底賺不賺錢、有沒有能力一直賺錢等等。判斷賺不賺錢的依據，則是依法每季要公布的財報數據，以及企業自主每月公布的營收成長率。

重點來了，**公司賺錢代表股價一定漲嗎？公司賠錢代表股價一定跌嗎？答案是不一定。**畢竟財報數據 4 個月才

公布一次，營收數字也才一個月公布一次，股市卻是天天開市，天天漲漲跌跌，就算因為財報公布而漲跌，那也得等財報公布前後才有可能發生（有些高手能從過去財報資料推算未來而預先估算，公司也會發布財測，財測也會影響股價漲跌）。

那散戶辛苦研究財報還有意義嗎？有的，首先這一點都不辛苦，原則上公司生意好壞看營收成長率、賺不賺錢看獲利成長率即可。其次，一家公司一直賺錢股價卻沒動靜，那正是入場的好時機；反之，不會有公司基本面不好，股價還能靠籌碼面衝不停。

浩鼎（4174）曾經靠人為炒作漲到 740 元，但癌症疫苗解盲失敗後，股價馬上腰斬。知名作家黃國華在部落格上，戲稱它是「零營收完全沒有生計的生技股王」，稍微懂一點財報基本觀念，就能避開這種地雷股。

基本面差股價卻漲：小心「有鬼」！

因此，我們可以說，一家公司賺錢，是股價上漲的「基本理由」。公司錢賺越多，股東分紅就可能會越多；當公司分紅越多，股價就有機會隨著分紅多而漲上去。如果一家公司連股價上漲的基本理由都沒有，那不管它漲到多麼非理性地高，都最好敬鬼神而遠之。

圖 3-1 浩鼎週線圖與財報

浩鼎（4174）損益表（合併年表） 單位：百萬		
期別	103	102
營業收入淨額	0	0
營業成本	0	0
營業毛利	0	0
廉署公司已（未）實現銷	0	0
已實現銷貨毛利	0	0
營業費用	712	468
營業費用－推銷費用	0	0
營業費用－管理費用	227	122
營業費用－研究發展	485	345
營業利益	-712	-460
利息收入	16	6

在股價大漲同時營收卻掛零，表示炒作可能性相當大。

　　也因為如此，**不管是賺股息還是賺價差的投資人，都會看基本面，來幫他們避開地雷。**散戶在聽到任何好到不可思議的利多消息時，看一眼基本面就能避免成為盲從的待宰羔羊。

　　所以，基本面很財報、很無聊，很像蹲馬步而不是帥氣的一招斃命，卻像一張安全網，能保護你辛苦存下來的本金，只要學會去哪裡查、怎麼看，就能買到保險，何樂而不為？

財務報表：
避開地雷的第一道防護

財報數據有幾個選項可以選擇。

如果要看上市公司自己發布的財報，可以上公司官網的「投資人關係」下載，大部分是 Excel 檔，有些是 PDF 檔。以台積電（2330）來說，路徑是**台積電官網→投資人關係→財務資訊→財務報表**。不過有些公司財報習慣做成英語格式，對財務英語不好的散戶不算是友善的媒介。

① 在官網點選「投資人關係」下的「財務資訊」。

② 點選「財務報表」可查看歷年各年度、季度的完整報表。

③ 點選「公司年報」則能看到該年度的公司營運狀況及未來展望。

　　第二種較為謹慎的方式是搜尋證交所每年的 4 月、6
月、9 月、12 月，第 20 個營業交易日更新上傳的財務資料
簡報。路徑是**交易資訊→統計報表→上市公司季報**。下載
後是一個 Excel 檔案，上面有全部上市公司當年度截至當
季的營業收入、營業利益、營業外收入，以及支出合計、
稅後純益、期末股本、每股稅後純益、每股淨值等等，投
資人需要知道的數據。

① 點開「交易資訊」後，點選「統計報表」下的「上市公司季報」。

記住，**散戶不需要看完整份財報，一一記住數據，培養什麼數字敏銳度，只要抓住跟股價相關的關鍵數據即可。**

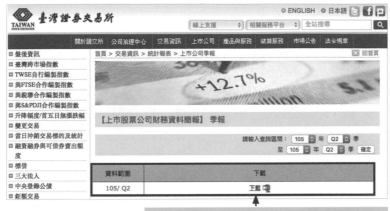

② 輸入查詢區間後，就會出現下載連結。

公司名稱 Code&Name	營業收入 Operating Revenues			營業利益 Income (Lose) from Operation		營業外收入及支出合計 Total non-operating income and expense		Jan Ne
	105年1-6月 Jan-Jun 2016	104年1-6月 Jan-Jun 2015	增減 (%)	105年1-6月 Jan-Jun 2016	104年1-6月 Jan-Jun 2015	105年1-6月 Jan-Jun 2016	104年1-6月 Jan-Jun 2014	105年1-6月 Jan-Jun 20
24 半導體類 Semiconductor	1,115,053,887	1,103,077,448	1.09	219,230,553	247,617,010	5,406,095	28,896,560	183,447,7
437 勤益控	307,819	431,738	(28.70)	140,624	57,825	210,626	(1,492)	331,4
302 麗正	264,424	245,618	7.66	(15,538)	(16,324)	34,894	1,448	18,4
303 聯電	71,400,596	75,661,198	(5.63)	2,432,457	7,975,103	(602,953)	1,559,403	2,792,9
311 日月光	124,971,785	134,883,970	(7.35)	11,137,313	11,701,615	992,243	(795,188)	8,842,2
325 矽品	40,979,217	42,045,279	(2.54)	4,759,193	7,064,830	373,316	281,740	4,412,7
329 華泰	8,236,172	7,938,639	3.75	645,501	654,661	(130,294)	(32,874)	423,5
330 台積電	425,305,207	427,473,896	(0.51)	161,788,315	163,695,181	3,873,975	22,695,482	137,287,8

③ 季報會列出所有上市公司的財報重點數據。

　　其實當證交所發布這些資訊後，各大投資網站也會同步或稍後將數據整理到他們的個股資料中，所以對一檔股票感興趣時，我最常上的網頁是奇摩股市，輸入股票代碼後會出現以下頁面：

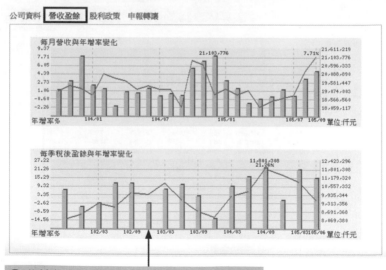

① 點選「基本」再點選營收盈餘，就會出現以下畫面：

② 曲線代表成長率，長柱體代表營收盈餘。

有些網站會再加上股價，讓你看見股價與營收盈餘的關聯，但對我來說太複雜了。

手機的看盤軟體也是，輸入個股名稱或代碼後尋找基本資料，就能看到簡明的財報資訊。

也就是說，看財報如果剛好是你的專業或興趣，下載完整財報研究當然最好，但如果你跟我一樣對深入研究財報沒這麼感興趣、只是要確定一家公司過去賺不賺錢，那麼投資網站或看盤軟體上的個股基本資料都能找到。

找到數據只是第一步，重點是如何解讀這些數據。

只有研究到自己能夠理解為止，才能培養出正確的判斷力。

日本股神 是川銀藏

Point 3 財報公布時別急著買 因它反映的是過去績效

上市公司 10 號發布的營收數據,已是上個月的營收。財報發布的時間更晚,第一季財報必須於 5 月 15 日以前公布,第二季為 8 月 14 日,第三季為 11 月 14 日,都是比一整季再晚半個月。年報(整年度的財報)更晚,是來年的 3 月 31 日。

因此,看財報數據之前我們必須先清楚一個事實:**財報反映過去經營績效,股價卻是反映投資人對該公司未來的期待**。蘋果股價總是在新品上市前飆漲、上市後就跌多漲少,就是因為這個原因。

當財報顯示這家公司賺錢,通常股價已經先行反映,況且市場上永遠有一些大股東、大戶或法人專家,比散戶更早知道這家公司的財務情況。他們起碼會用每月發布的營收或已知的訂單,來推測這家公司未來的財務狀況。

因此,搜尋資訊看到財報數據漂亮或聽到利多消息時,不要覺得「我眼光真好果然是好股票」而急著進場,這樣很容易變成「下一個笨蛋」。請先放入選股名單,觀察一下股價相對位置,等低點再進場也不遲。

公司生意好壞，別只看數字，要看成長率

Point 4

　　散戶多半看不懂財報數字的，連公司員工都未必對自家財報有敏銳度，更何況是散戶呢？

　　不信，看看中華電（2412）2015 年的營收，單位是1,000 元，所以 1 ～ 2 月約 190 億，2 ～ 5 月差一點只有185 億。10 月過後中華電生意好一點，破了 200 億……。而這樣代表生意越來越好嗎？股價會跟著漲嗎？

　　其實每個產業都有各自不同的淡旺季，所以最客觀的比法不是跟上個月比，而是跟去年同一個月比是否有成長。

表 3-1　中華電 2015 年月營收

月	營收	年增率	月	營收	年增率
1	19,326,152	0.06%	7	18,657,024	1.23%
2	19,087,539	4.34%	8	18,808,323	1.32%
3	18,059,117	3.54%	9	18,712,301	-2.26%
4	18.927,957	2.90%	10	20,354,824	6.94%
5	18,850,952	1.21%	11	20,763,742	6.20%
6	19,141,685	2.01%	12	21,103,776	0.26%

比方說去年這個月營收 1 億元，今年營收 1.1 億，成長率就是 10%；反之，去年營收 1 億，今年只賺 9,000 萬，那成長率就是 -10%。

為什麼要看成長率？因為企業競爭都是激烈的，今年沒成長，明年要成長就會更吃力；今年若衰退，那更可能是訂單被對手搶去，市占率此消彼長，明年想搶回來，得花上雙倍力氣。

這時候你可能會猜，那 10 月之後中華電股價有漲嗎？有的，但幅度很小，從 96 元漲到 99 元，因為股價是否上漲不能只看營收，還得看獲利等諸多因素，所以不要看他生意變好就覺得可以買進。

營收是看生意好不好，獲利是看賺不賺錢，有時生意好不等於賺錢，我們得再進一步研究其他因素。

最新營收去哪看？

每月 10 日前後，上市公司會自主公告營收（營收好的企業，通常會提前公布），上奇摩股市輸入股票名稱或代碼，在新聞區塊就可查詢。

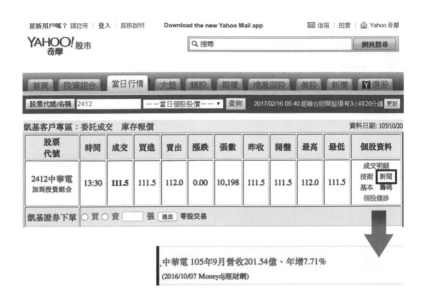

中華電 105年9月營收201.54億、年增7.71%

(2016/10/07 Moneydj理財網)

看到利多消息，要假設自己是最後知道的人

我在電視上看到一位股市專家說：「外行看熱鬧，內行看門道。」內心卻浮現：明明是「內行的看熱鬧，外行的看門道」。

當一則利多消息上新聞時，表示這則訊息已經擴散到最外圍了，知道後該有所行動的人早就行動了，此時內行的人瞄一眼新聞真的只是看看熱鬧而已，只有散戶會認真想嗅出端倪。

儘管一堆書早就這麼說，初學者卻很容易犯一個錯誤，就是某一段時期會特別熱衷看股市新聞。覺得分析得有道理就聽進去，分析得沒道理就不理會，還覺得自己這樣懂得篩選資訊很聰明，卻忘了**股市新聞都是根據收盤資料進行解讀，但是這些解讀跟明天的股市表現如何，完全沒有關係**。這些專家就算解讀錯誤，明天還是有新的盤勢可以解讀，至於他們會不會根據自己的解讀進出場？你永遠不知道，他們也不會跟你說。

那利多消息該怎麼解讀？就基本面消息來說，我的心得如下。

1. 急單不代表以後都有單

　　台灣電子廠多，新聞很喜歡用「急單回流，太陽能廠產用率激升」、「外資看好半導體急單效應將顯現」等標題，說明臨時有急單進來挹注營收，財測「可望」超標，來營造該公司「後市看好」的理由。

　　例如如果我們今天要訂餐廳，你覺得要排到下個月或3個月後的餐廳，生意比較好，還是任何時候訂都馬上有位的餐廳生意比較好？當然是預約已經排到3個月後的餐廳生意比較好。

　　好公司也一樣，不會靠「急單」過活，他們搞不好還有能力挑客人，設下「低消」門檻，訂單太小的還不接呢。所以凡是聽到急單的利多消息，記得靠急單過活的企業，營收的穩定性與企業競爭力，都得先打上問號。

　　更重要的是，看基本面的人，要隨時提醒自己，很多利多消息都是大戶放出來引誘散戶進場承接「下一手」的。因為你可能觀察這檔股票一陣子了，有點心癢想進場，但還缺臨門一腳，缺一個現在買算是便宜的理由。一聽到有意料之外的急單，會先腦補這家公司應該生意不錯就下單了，沒有想過早在發布消息以前，法人裡的研究員或公司股東，早就先一步掌握了訂單情況，股價可能早就提前反映，這時候進場，剛好當了承接高價股的傻瓜。

2. 轉單不見得之後會繼續合作

比方說韓國海運公司韓進申請破產，國際間海運價格波動，就是因為不敢再把貨交給韓進；又如三星電池爆炸，其他電池製造商也出現轉單效應。

就公司治理的角度來看，因為對手犯錯而營收進帳的現象，多半是短期的，與公司的核心競爭力無關，很多散戶可能一聽見這個利多，就以為這家公司至少今年多賺，也沒打算放很久，漲一波就出場，你若因此進場，通常會剛好買在近期高點，因為大家都這麼想。

製造業會有訂單利多，金融業則是會告訴你該公司在海外又開拓了什麼據點、跟什麼國際銀行攜手合作，或是傳出併購消息，來吸引投資人注意。

可是如果財報上的確切獲利都不保證股價會跟著水漲船高了，那麼**這些還不確定是賺是賠的新計畫，又怎麼能保證一定是「利多」消息呢？**公司又是用什麼心態在發布這些消息呢？

總之，當你對某一檔股票很感興趣時，看到利多消息很容易在內心覺得：「我果然有眼光。」這種時候更需要警鈴大作，告訴自己停看聽，先分析一下情況再說。

3. 吃回頭草的單，跑不掉的錢，才是真利多

就我的觀察，只有兩種利多消息我覺得是真正的利多。

一種是企業不願意降價，客戶跑去找便宜廠商，發現品質不對，最後還是把訂單轉回來。這種客戶就不會跑了，會心甘情願多付點錢讓公司賺飽飽，這種**「自慢」的公司一定有別人無法取代的核心競爭力**。

還有一種是已確定進帳的消息。比方說建築公司賣預售屋，蓋好交屋後屋主就得付錢，這種**看得見的進帳保證會反映在財報上**，而且等財報公布你才買，通常已經漲一波了，搞不好當初買進的人，正準備趁此時把貨倒出去。

最後還是要再提醒新手一次，當你看到這些利多消息時，請預設自己是最後一個知道的人。

一個成功的投資者應該能夠把行業到底競爭的是什麼說清楚，把這個行業是得什麼東西得天下弄明白。

高毅資產董事長 邱國鷺

公司獲利看 EPS
股價貴俗看本益比

有些公司營收強、市占率高，但獲利不怎麼樣；有些公司營收不多、市占率低，獲利卻肥滋滋的惹人覬覦。

這種對比的最佳例子就是日月光（2311）和矽品（2325）。去年矽品股價只有 40 元出頭，日月光開出 55 元收購價，就是因為矽品獲利太好，股價卻很便宜。

獲利好卻股價便宜？這要怎麼看才知道是貴是便宜？股市為了讓不同公司擁有相同的比較基準，通常是用**每股盈餘 EPS**，公式是「公司淨賺的錢 ÷ 公司發行股數」。然後再計算要花多少錢才能買到公司的 1 塊錢 EPS，稱為「本益比」，公式是股價 ÷EPS。

就拿日月光跟矽品來比，矽品 2015 年的 EPS 是 2.81 元，日月光是 2.55 元，看起來是矽品比較會賺錢。不過矽品最近一季的均價是 47.58 元，日月光是 38.19 元，用本益比來算，矽品是 16.9 倍，日月光是 14.9 倍。也就是說，要投資矽品 1 元的 EPS 得花快 17 元，日月光卻只要 15 元左右。以目前的股價來看，日月光比矽品便宜一點。

不過你以為這樣就該買日月光就錯了。股市裡有個謠

言叫做「補漲效應」，意思是如果同類型的股票裡，某一檔突然飆高，另一檔也可能會補漲上去。某一年我發現台灣大（3045）跟中華電的 EPS 差不多都是 5 塊多，台灣大卻突然飆好高，開心地買下中華電等著補漲，卻怎麼等都漲不動。後來才發現外資早就掌握了台灣大毛利大幅成長的消息所以大量買進，散戶看不到所以不知道。因此，記住：

① 在股市裡便宜未必是好貨，就算看起來賺錢能力差不多也一樣。

② EPS 是去年的獲利，等你知道時去年早就結束了。

③ 不要相信補漲效應，股價會比較便宜有它便宜的理由。

④ 需要知道是什麼理由嗎？其實不知道也沒關係，因為等你知道通常就來不及追了。

那為什麼還要看 EPS ？因為這是一張安全網。年年賺錢的企業至少不用怕它倒，而且沒人叫你看到便宜就進場，**進場的邏輯不是夠不夠便宜，而是你判斷之後會漲上去。**如果你判斷之後會漲上去，就算一時它跌了，看到財報上年年賺錢，也不至於慌到自亂陣腳。

那矽品憑什麼貴？我們先來看表 3-2 和 3-3。這裡面有幾個名詞是之後要說明的，但是光看營業毛利率，矽品等於每跟客戶收 100 元可以賺 23.52 元，日月光只有 19.58 元，可見矽品有核心競爭力能跟客戶訂高價，不是削價競爭就

能吃掉的對手。

但這其實已經是拿結果去推論前因，投資的時候只要確認這家公司之前都是賺錢的、未來也能繼續賺，就足以決定是否要放入選股名單。注意！是放入選股名單不是馬上進場，進場時機請見後文說明。

表 3-2　矽品獲利績效

獲利能力 （105年第2季）		最新4季 每股盈餘		最近4年 每股盈餘	
營業毛利率	19.58%	105年第2季	0.61元	104年	2.55元
營業利益率	9.47%	105年第1季	0.54元	103年	3.07元
稅前淨利率	10.34%	104年第4季	0.65元	102年	2.09元
資產報酬率	1.54%	104年第3季	0.83元	101年	1.76元
股東權益報酬率	3.01%	每股淨值：19.52元			

表 3-3　日月光獲利績效

獲利能力 （105年第2季）		最新4季 每股盈餘		最近4年 每股盈餘	
營業毛利率	23.52%	105年第2季	0.90元	104年	2.81元
營業利益率	13.24%	105年第1季	0.51元	103年	3.77元
稅前淨利率	14.92%	104年第4季	-0.07元	102年	1.90元
資產報酬率	2.34%	104年第3季	0.86元	101年	1.83元
股東權益報酬率	4.15%	每股淨值：20.18元			

毛利須扣掉管銷成本
淨利得注意業外損益

　　有些事情看起來很玄，但說穿了就不值錢，連我數學聯考 18 分都能搞懂，你一定也能在 3 分鐘內學會。據說最常被拿來舉例的是賣雞排，我就用我的方式說一遍好了。

　　假設你打算創業自己賣雞排，要賣之前你得先進貨：生雞排、醬油、辛香料、調味料、炸油、裝成品的紙袋等等，這些就是你的銷貨成本，假設你買了 100 塊雞排、炸壞了 10 塊，但很幸運 90 塊賣光光，賣這 90 塊雞排拿到的錢就是你的當日營收，扣掉銷貨成本就是你的毛利。

　　毛利是扣掉產與銷的直接成本，但做生意的成本不止這些，還要店租、人力等間接的「管銷費用」。如果是在夜市就要付攤位租金，如果是店面除了店租可能還要裝冷氣給客人吹，創業者下去當店員當然也要算薪水，如果事業做得大，另外請人分工做內外場，也是算在管銷費用裡。毛利扣除這些管銷費用後就是稅前淨利。

　　一家企業的經營能力就是看稅前淨利。因為雞排或炸油的成本比較容易隨市場價格波動，管銷費用全看經營者自己怎麼拿捏。這也是台灣很容易把人力放在成本而非資

產計算的原因，因為財報裡就是這麼算的。

最後，營收扣掉銷貨成本與管銷成本後還要繳稅，稱為「稅後淨利」，也就是最終落袋為安的數字，企業的 EPS 就是用去年度的稅後淨利算的。至於「稅前淨利」則是加上業外的損益。比如說台積電本業是做晶圓，但每年會因為匯差，造成會計上虧損或多賺，這些賺賠就算在「業外損益」裡。

也有些企業本身帶有「控股公司」的概念，例如潤泰集團的潤泰全（2915），營收有 7 成以上不是來自本業，而是持有集團內外其他股票的獲利。

據說長庚醫院在台塑集團也扮演類似角色。根據報導，長庚醫院是台塑四寶的大股東，到 2016 年 8 月底為止，持有台塑（1301）股權 9.45%、南亞（1301）11.05%、台化（1326）18.58% 及台塑化（6505）5.65%，為前三家公司第一大股東、台塑化第四大股東，四寶持股總市值約 2,500 億元。也就是說，長庚醫院可透過持股，實質掌控台塑集團包括高層人事、投資方向等決定權，董事長地位更是舉足輕重。

因此，**散戶在研究個股時，除了獲利率，也要留意這家公司是不是靠本業賺錢。**

回到表 3-2 和 3-3 的圖表，相信你已經能看懂「營業毛利率」、「營業利益率」與「稅前淨利率」。矽品營業

毛利率 19.58% 代表營收每 100 元可賺進約 20 元，營業利益率 9.47% 代表扣掉管銷費用後，這 20 元剩下不到 10 元。稅前淨利率 10.34% 代表有業外收入，也許是賺到匯差，但繳稅前每收到 100 元營收，能賺到 10 塊錢，日月光更好，能賺到 14.92 元。那剩下的資產報酬率和股東權益報酬率是啥？請見下回分曉。

2915潤泰全 走勢圖 成交明細 技術分析 新聞 **基本資料** 籌碼分析 個股健診 新版理財

公司資料 營收盈餘 股利政策 申報轉讓

公司資料			
基本資料		股東會及 104年配股	
產業類別	貿易百貨	現金股利	1.60元
成立時間	65/01/14	股票股利	-
上市(櫃)時間	66/07/20	盈餘配股	-
董事長	王綺帆	公積配股	-
總經理	徐志漳	股東會日期	105/06/23
發言人	李天傑		
股本(詳細說明)	94.14億		
股務代理	公司自辦02-81617999		
公司電話	02-81617999		
營收比重	其他76.27%、先染布16.99%、後染布6.74% (2015年)		
網 址	http://www.ruentex.com.tw		
工 廠	桃園楊梅(二、三廠)		

在奇摩股市點選「基本資料」下的「公司資料」，便可看見營收比重。

表 3-4　毛利、營業利益與淨利的定義

營收
（企業因銷售產品或提供勞務而取得的各項收入）

毛利（營收－銷貨成本）	銷貨成本

營業利益（銷貨毛利－管銷費用）	管銷費用	銷貨成本

稅前淨利（營業利益＋業外損益）	管銷費用	銷貨成本

↑ 要留意沒有專注於本業的企業

稅後淨利 稅前淨利 ×（1－所得稅率）	所得稅率	管銷費用	銷貨成本

↑ 股票的每股獲利（EPS）是用這個數字。

ROA、ROE 看出公司賺錢效率

Point 8

前面說過，一家公司用來營運的資金來源有二：一是向股東募資，二是向他人借錢（第 1 章）。**資產報酬率（ROA）就是這兩個來源的錢加起來的賺錢效率，股東權益報酬率（ROE）**則是扣除負債後，單單股東的錢的賺錢效率。據說 ROE 是巴菲特鍾愛的選股指標，因為 **EPS 只能看見每股賺多少錢，ROE 卻能看見這家公司幫股東賺錢賺得多有效率。**

有人說 ROA 最常用於分析銀行金控和營建等這類負債比率很高的行業（因為銀行的錢大部分是跟存戶借的，而建商常拿自己蓋的房子去抵押跟銀行借錢來經營），ROE 則適合用於分析財務槓桿沒那麼高的行業。要投資一家公司，ROA 至少要比銀行利率（1%）和長期公債利率（2～3%）高，否則投資人把錢拿去定存不就得了。

這樣看的話，矽品的資產報酬率只有 1.54% 實在不優，股東權益報酬率比較高一點，有 3.01%，但日月光有 4.15%，ROA 也高於矽品。

這兩家公司的 ROE 都高於 ROA，什麼意思呢？這代

表公司的負債很高，有很大的比例是靠借錢在經營公司。這樣會不會很危險？我們拿模範生台積電來比，結果發現台積電也是這樣（見表 3-5）。

表 3-5　台積電獲利績效

此處只有單季數據，最好查表 3-6 這樣的年度數據較安全。

獲利能力 （105年第2季）		最新4季 每股盈餘		最近4年 每股盈餘	
營業毛利率	51.55%	105年第2季	2.80元	104年	11.82元
營業利益率	41.17%	105年第1季	2.50元	103年	10.18元
稅前淨利率	42.11%	104年第4季	2.81元	102年	7.26元
資產報酬率	4.15%	104年第3季	2.91元	101年	6.14元
股東權益報酬率	5.85%	每股淨值：46.14元			

台積電的ROE也高於ROA。

　　說到這，有些專家會用 ROE 大於 15% 以上作為選股條件，記得千萬不要只看單季表現，否則就買不到每 100 元營收可賺進 51.55 元毛利的台積電了。奇摩股市上只有最新一季數據，要小心不要被單季的數字給騙了。

表 3-6　台積電歷年獲利績效

年度	股本(億)	財報評分	年度股價(元)				獲利金額(億)					獲利率(%)				ROE(%)	ROA(%)	EPS(元)		BPS(元)
			收盤	平均	漲跌	漲跌(%)	營業收入	營業毛利	營業利益	業外損益	稅後淨利	營業毛利	營業利益	業外損益	稅後淨利			稅後EPS	成長	
16Q2	2,593	94	191.5	162	+48.5	+33.9	4,253	2,057	1,618	38.7	1,373	48.4	38	0.91	32.3	22.7(年估)	15.9(年估)	5.29	-0.82	46.14
2015	2,593	94	143	140	+2	+1.4	8,435	4,104	3,200	304	3,066	48.7	37.9	3.6	36.3	27	19.4	11.82	+1.64	47.11
2014	2,593	91	141	123	+35.5	+33.6	7,628	3,777	2,959	62.1	2,639	49.5	38.8	0.81	34.6	27.9	19.1	10.18	+2.92	40.32
2013	2,593	89	105.5	104	+8.5	+8.8	5,970	2,809	2,094	60.6	1,881	47.1	35.1	1.01	31.5	23.9	17	7.26	+0.85	32.69
2012	2,592	94	97	84.1	+21.2	+28	5,062	2,436	1,811	4.97	1,662	48.1	35.8	0.1	32.8	24.4	19.2	6.41	+1.23	27.9
2011	2,592	94	75.8	72.1	+4.8	+6.8	4,271	1,941	1,416	35.9	1,342	45.5	33.1	0.84	31.5	22.2	18	5.18	-1.06	24.29
2010	2,591	96	71	62	+6.5	+10.1	4,195	2,071	1,592	111	1,616	49.4	37.9	2.64	38.7	30.1	24.7	6.24	+2.79	22.16
2009	2,590	92	64.5	55.5	+20.1	+45.3	2,957	1,293	920	35	892	43.7	31.1	1.18	30.3	18.3	15.5	3.45	-0.41	19.11
2008	2,563	94	44.4	56.4	-17.6	-28.4	3,332	1,417	1,044	70.4	999	42.5	31.3	2.11	30.2	20.7	17.8	3.86	-0.28	18.59
2007	2,643	94	62	65.5	-5.5	-8.1	3,226	1,424	1,117	99.2	1,092	44.1	34.6	3.07	34.1	22	19	4.14	-0.79	19.03
2006	2,583	96	67.5	61.3	+5	+8	3,174	1,558	1,273	61	1,270	49.1	40.1	1.92	40.1	26.6	23	4.93	+1.14	19.69
2005	2,473	94	62.5	54.1	+12	+23.8	2,666	1,182	910	32.9	936	44.3	34.1	1.24	35.1	22.2	18.4	3.79	-0.18	18.04
2004	2,325	90	50.5	52.4	-13	-20.5	2,572	1,158	885	34.8	923	45	34.4	1.35	35.9	25.3	20.4	3.97	+1.64	17.19
2003	2,027	80	63.5	56.4	+20.9	+49.1	2,030	749	513	-1.22	473	36.9	25.3	-0.06	23.3	15.1	11.8	2.33	+1.19	16.24
2002	1,862	67	42.6	67.4	-44.9	-51.3	1,623	523	316	-43.7	216	32.2	19.5	-2.69	13.3	7.54	5.71	1.14	+0.31	14.85
2001	1,683	59	87.5	77.7	+9	+11.5	1,259	337	128	-19.9	145	26.7	10.2	-1.58	11.5	5.37	3.93	0.83	-4.88	15.29
2000	1,169	92	78.5	147	-88.5	-53	1,662	765	613	26.1	651	46	36.9	1.57	39.2	34	23.5	5.71	+2.47	20.15
1999	767	84	167	120	+96	+135	731	315	248	-11.7	246	43.1	34	-1.6	33.6	24	15.1	3.24	+0.7	15.74

ROE 與ROA 要看整年度，能查到的年份越久越好。

Point 9 現金殖利率越高越好 但得多看幾年比較安全

現金殖利率是一種容易讓人誤會「它很簡單」的東西。

首先，公司根據上一年度財報中的 EPS，決定今年要發多少現金股利給股東。把現金股利除以股價，就是現金殖利率，比方說一張 100 元的中華電發 5 元現金股利，殖利率就是 5%。

在存股當道的今天，現金殖利率甚至已經取代本益比，成為投資人衡量股價高低的標準。現在最流行的「便宜價」、「合理價」、「昂貴價」算法，就是 5 年平均殖利率的 16 倍、20 倍與 32 倍。

假設中華電信的 5 年平均殖利率剛好是 5 元，則便宜價是 80 元，合理價是 100 元，昂貴價為 160 元。對一個新手來說，這不失為衡量股價的簡易辦法。但事情如果這麼簡單，應該人人都早就靠股票致富了。

首先，很多散戶會忘記那是「5 年平均殖利率」，而忍不住用去年的股利來算現金殖利率是多少。比如大同（2371）旗下的主機板廠精英（2331），2015 年突然宣布發 5 元，隔天馬上漲停板。要知道當時中華電也發 5 元左

右，但一張要 9 萬多，精英卻只要不到 3 萬元。

於是，從消息宣布開始，股價從 25 元最高漲到 33 元，價差早已超過 5 元股利，結果股利還沒發，股價就開始跌，2016 年股價還跌到只剩下 13 元。想像當時搶進的投資人，買在 30 元左右，為了爭那 5 塊賠掉 12 元價差，而且那 5 元股利還得繳二代健保，從後見之明來看當然不划算。

但當時的散戶是怎麼想的？「一定是有賺錢競爭力變強才可能發這麼多」、「就算只領今年，用 30 塊錢買也有 16% 獲利」，根本不會想到要徹底研究這家公司今年為什麼會發這麼多，也不會想到贏在殖利率卻輸在價差上，而**股價撐不住的漂亮殖利率，根本就是假的**，現在要再放幾年才能賺回虧損的 7 塊錢？不知道。

後來我看到陳重銘老師的書上說，不用擔心官股銀行不發股利，因為他們的股東——政府，很缺現金，一定會叫這些銀行發放。我想起那一年精英發 5 元，受益最大的是虧損連連的大股東大同公司，想必要發多少現金股利，也是大股東說了算。

我去年也買了幾張，數量不多但見苗頭不對馬上認賠出場，今年精英又爆出 29 億的呆帳，股價跳空跌停，可見事實絕對沒有殖利率公式那麼單純，一檔股票能不能買，要考量的點還很多。但最重要的是時時提醒自己「太便宜一定有鬼」，不貿然進場，就能少繳很多學費。

表 3-7　精英股利政策

	股利政策				
年度	現金股利	盈餘配股	公積配股	股票股利	合計
104	2.00	0.00	0.00	0.00	2.00
103	5.00	0.00	0.00	0.00	5.00
102	3.00	0.00	0.00	0.00	3.00
101	0.50	0.00	0.00	0.00	0.50
100	2.47	0.00	0.00	0.00	2.47
99	0.00	0.00	0.00	0.00	0.00
98	0.50	0.00	0.00	0.00	0.50
97	0.25	0.00	0.00	0.00	0.25
96	0.47	0.12	0.04	0.16	0.63
95	0.00	0.00	0.00	0.00	0.00

只有 **103** 年度是 **5** 元，**5** 年平均 **2.6** 元。

　　殖利率除了讓人看到便宜就見獵心喜外，另一個問題就是看到成長股買不下手。成長股顧名思義，就是公司一直在成長，股價也跟著漲漲漲，所以看歷史資訊時，怎麼看股價都是在高點，怎麼看股價都是貴的。而且這種公司為了擴張而進行投資，會保留很大一部分盈餘，未必會發放現金股利，有時會發股票股利取代，或是現金發一點，股票發一點，這都會讓現金殖利率的數字看起來不怎麼誘人。

　　可是成長股通常能賺股利又能賺價差，比如台積電，

2015 年 140 元覺得貴，一回神 2016 年底已 190 元。如果你單看現金殖利率選股，一定天天等著看它跌到至少合理價，卻發現等著等著它股價又更高了，再來懊惱當初真該馬上買不要遲疑，可是實際上這才是該用來存股的好股票，因為除了年年有現金股利可領，還能看著對帳單上報酬率不斷飆高，但這種股票看殖利率買，鐵定買不下手。

圖 3-2　台積電月線圖

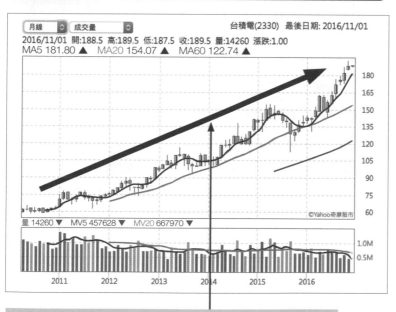

金融海嘯後股價不斷上漲，讓投資人又賺股息又賺價差。

　　看殖利率選股的第 3 個問題是：你在便宜價買進，以為可以等到昂貴價賣出，卻發現買進後它變得更便宜、再便宜，便宜到新聞說股價被嚴重低估了還是照跌不誤。

　　你納悶這是怎麼回事，實際上是你誤以為便宜價就是最低價，每個投資人都會有一種審慎下手後，買了應該只會漲不會跌的幻覺。巴菲特曾說投資要了解企業也要了解市場（大意是這樣），研究基本面的人很容易就看好基本面卻忽略了市場的實況。

　　講到這裡，那到底該如何看待現金殖利率？答案是可**以用來判斷股價高低，但別拿來當作選股依據**。就像精英，它一度殖利率超高，但不算是好公司好股票。就像台積電，它是好公司，但股價永遠無法讓投資人覺得便宜。**選股是先選好公司，才選好股價。好公司可以放進觀察名單慢慢觀察，在接近好價格時進場，千萬別反過來，看到殖利率漂亮就搶進，才來觀察這是不是一家好公司。**

不只要看配股配息 也要看能否「填權息」

　　EPS 是每股淨賺多少錢，但企業不會賺多少都全發給股東，為了競爭，他們得保留盈餘進行再投資，以確保公司的未來獲利。至於要發多少，就看每年董事會討論後發布的消息。

　　依規定，上市公司發布年報（整年度的財報）的截止時間為 3 月 31 日，這份報告會結算去年的 EPS，賺錢的公司通常會提早發布，接著 4 月便是各家公司陸續宣布要發放多少股利。想要參與除權息（也就是可以領到股利）的投資人會在此時進場，也有企業會因為股利發放不如預期而股價下跌，因為投資人要把錢轉進賺錢更有效率的公司。

　　新手投資人要注意的是：發布不等於發放。有些公司早早在 3 月就發布股利消息，卻遲到 8、9 月才發放，有些公司比較乾脆，6、7 月就全發完了。所以千萬不要以為發布就會馬上發放。

　　而且除權息日期跟發放股息的日期也是分開的，有些股票除權與除息分開，發放股票股利與現金股利的時間也分開。以下就以中信金（2891）2016 年情況為例子做說明。

表 3-8 中信金除權息時程表

除權資料		除息資料	
除權日期	105/10/12	除息日期	105/07/29
最後過戶日	105/10/13	最後過戶日	105/08/01
融券最後回補日	105/10/05	融券最後回補日	105/07/25
停止過戶期間	105/10/14- 105/10/18	停止過戶期間	105/08/02- 105/08/06
停止融資期間	-	停止融資期間	-
停止融券時間	105/10/05- 105/10/11	停止融券時間	105/07/25- 105/07/28

上面這張表格，我們可以這樣解讀：

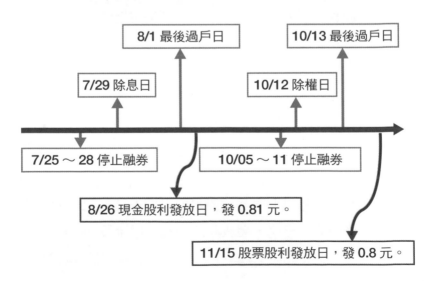

8/1 最後過戶日

10/13 最後過戶日

7/29 除息日

10/12 除權日

7/25 〜 28 停止融券

10/05 〜 11 停止融券

8/26 現金股利發放日，發 0.81 元。

11/15 股票股利發放日，發 0.8 元。

　　以上除權除息資料可以上奇摩股市搜尋中信金的基本資料，實際發放日期則是要搜尋個股的「重大行事曆」，可以上網找，股票 App 上也都會有。

　　把日期整理出來後，要釐清幾個概念：

　　①股利分成現金股利與股票股利。現金股利發 0.81元，假設你有一張中信金，代表你有 1,000 股，在 8 月 26日當天，戶頭會匯進 810 元給你（實際上還會扣除手續費）。假設你是 16 元買進，現金殖利率就是 5.06%。

　　股票股利發 0.8 元，則是得用股票面額 10 元計算。一張面額 10 元的股票 1,000 股，0.8 元等於分到 80 股。如果持有 300 張中信金，今年就能分到 24 張股票，以目前市價17 元計算，價值 40 萬 8,000 元，如果再加上現金股利 24萬多，就有 60 幾萬的進帳。如果中信金能年年穩定維持這樣的發放水準，有 300 張中信金是真的可以退休了。

　　②最後過戶日代表，在這一天過戶都算有參與到除權息。前面說過台股交易制度是「T + 2 日」，往前算兩個營業日，就是除權息日，在除權息日及該日以後所買進的股票，就無法參與除權息。

　　③停止融券是為了建立股東名冊。由於股票天天在買賣，在除權息之前必須建立股東名冊，公司才知道股息要發給誰；開股東會之前，要通知股東開會前也會停止融券。

　　融券是一種借券交易，是一種放空股票的行為，例如你看空中信金會跌到 15 元，現在 17 元先借來賣，等跌到 15 元再買回來（稱為回補）還給別人，這樣就能賺取 2 元價差。這種交易不太適合剛入門的人我就不多說了，不過有一天你股票夠多的時候，倒是可以借給別人賺利息。

　　④填權息：這個看鴻海（2317）最明顯。鴻海 9 月 1 日除權息前有 87.4 元，共發放現金股利 4 元（4,000 元）、

圖 3-3　鴻海日線圖

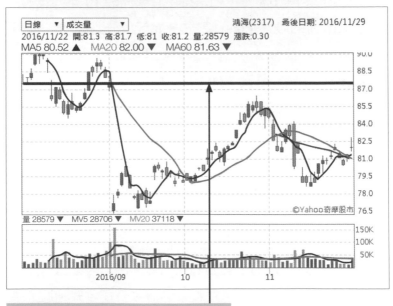

2016 年除權息前股價收在**87.4** 元，
而一直到**11** 月底都尚未填權息成功。

股票股利 1 元（100 股）。9 月 2 日跌到 77.2 元，這一跌跌掉了 10 塊錢，之後怎樣都回不到 87.4 元的價格，就是沒有填權息。如果 9 月 2 日之後迅速回漲到除權息之前的價格，就稱為填權息，這種股票是投資人的最愛，2016 年台積電就填得又快又滿，只花 3 天就填息成功。

⑤**除權息行情**：以往除權息日期之前，都會有一波漲幅，是想參與除權息的人進場，參與完就出場。但台股 2015 年之後因為股利課徵二代健保，可抵扣稅額又減半，許多大戶或大股東為了避稅，別說參與，根本是前一年年底就逃之夭夭，等除權息後再擇低點回補，因此現在已經沒有除權息行情了。二代健保是超過 5,000 元的股利所得須課收 2% 的「補充保費（現已放寬到 20,000 以上才要

表 3-9 近年台積電填息行情表現

年份	除息日	現金股利（元）	填息日	填息天數（天）
2010	2010/07/06	3.0	2010/07/20	11
2011	2011/06/29	3.0	2011/07/01	3
2012	2012/07/04	3.0	2012/09/11	49
2013	2013/07/03	3.0	2013/07/12	8
2014	2014/07/14	3.0	2014/11/20	91
2015	2015/06/29	4.5	2016/02/03	154
2016	2016/06/27	6.0	2016/06/29	3

繳）」，這數字是 0.3% 的證交稅的 6.6 倍，因此被許多股
民詬病；可抵扣稅額減半則是一條牛扒了兩層皮，因為身
為股東，企業已經繳了營利事業所得稅，我們收到的股利
是從「稅後淨利」中撥發的。許多股東收到股利後，卻得
再納入綜合所得稅裡再繳一次，等於是政府用徵稅的手段
逼迫「固執者」成為「猶豫者」，增加進出股市的次數，
或是乾脆把錢搬到海外，去投資交易成本更低的市場。

　　如今新政府上台，正在研擬廢止設算抵扣，以及股利
所得部份免稅等新方案，這些都會影響投資人參與除權息
的意願。

Note

Chapter

4

買賣點決定獲利
Ｋ線指標是好幫手

技術面是用各種統計學方法，製作出股票價格的各種指標，
來幫投資人理解現在股價算是便宜還是貴，據此來研判該買
還是該賣，所以背後的原理或許有點難懂，指標卻都很好判
讀，才能方便投資人在交易進行中馬上研判要不要買或賣。

新手對技術面通常都有點抗拒，但就像我們不需要了解發電
的原理，照樣可以天天使用電力；技術面也一樣，只要了解
到能幫助我們決定是否要交易即可，以下是幾種最常見的買
賣訊號。

1　成交量要跟價格一起看，高點沒量容易跌
2　趨勢盤整別交易，型態認 M、W 找轉折
3　均線排列順序能看趨勢，交叉可知轉折
4　葛蘭碧八大法則，觀察股價與線的關係
5　一個 K 棒看顏色與形狀，透露多空勢力
6　KD 值找買賣點，小於 20 就買，大於 80 就賣
7　RSI 小於 20 代表市場過冷，大於 80 則是過熱
8　MACD 指標快慢線交叉，表示股價有轉折

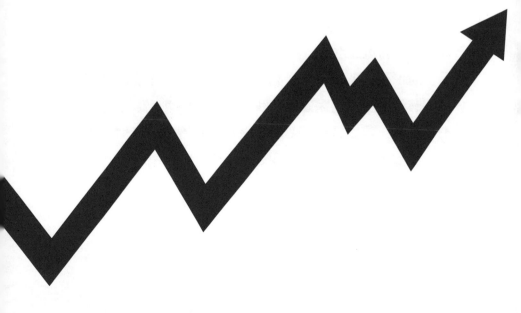

成交量要跟價格一起看 高點沒量容易跌

許多理財網站上都可以查到股價走勢圖（或簡稱為線圖），最基本的就是股價 K 線圖搭配成交量，你還可以看到價格上還有 3 條線，藍色幾乎緊黏著股價走勢，這是 5 日價格均線，橘色是 20 日均線，綠色是 60 日均線，有關均線的部分，後面會再詳細說明。

成交量跟價格通常合併在一起看，兩者合稱為「量價關係」。當股市趨勢看漲時，成交量會放大；股市趨勢看跌時，交易量通常會萎縮。

量價關係的原理非常簡單，新手只需記住這個原則：**底部有量＝漲，高點量縮＝跌**。意思是如果股價在低檔卻有交易量，代表這檔股票已經來到支撐價位，後勢看漲；如果股價來到高點成交量卻變低，代表股價已經來到壓力價位，後勢看跌。

圖 4-1　台股加權指數日線圖

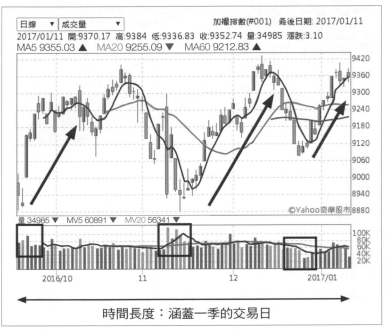

以台股加權指數的日線圖來看，前兩次底部成交量變多，股價都有漲，但第 3 個箭頭成交量是減少的，股價也一樣漲上去。

新手要注意的是，這些都是前人歸納出來的觀察原則，而不是百分之百準確的真理。

圖 4-2　台股加權指數 5 分線圖

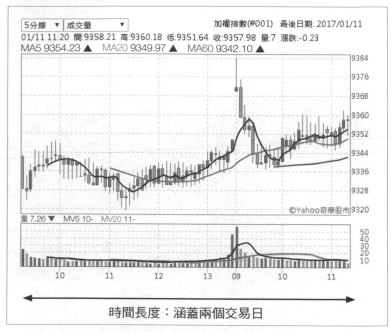

5 分線只能看出 9 點開盤時成交量大增，指數也明顯上漲，算是「開出紅盤」，但接著價格回跌，成交量也趨於平穩。

　　新手比較會遇到的問題是：我要看哪一種時間長度的線圖？因為光是加權指數，就能看到 5 分線、10 分線、30 分線、日線、週線與月線。

　　一般來說只要你不是極短線的當沖客、一定要在盤中交易，否則日線、週線與月線有完整的開盤價與收盤價，

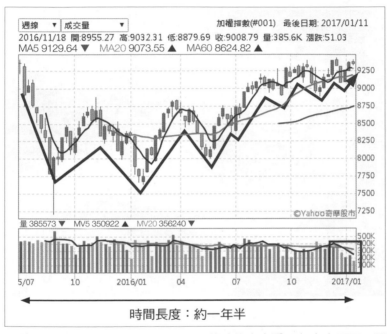

圖 4-3　台股加權指數週線圖

時間長度：約一年半

週線可以看出大盤指數呈現 **W** 的形狀（後文會說明）上上下下，而且隨著指數升高，**W** 越來越小，成交量也越來越低，符合「高點量縮＝跌」的原則。你可以上網找加權指數週線圖，數數看 2015 年 7 月以來，大盤經歷過多少次高點量縮。

是比較好的參考對象。至於要以哪張當作參考對象，通常**短期的日線圖價格起起伏伏，週線與月線比較能看出中長線趨勢。**

每一種線圖涵蓋的時間長度也不一樣，如果你要找 5

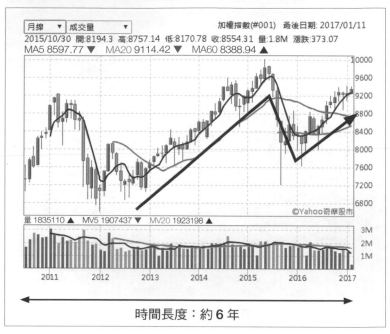

圖 4-4　台股加權指數月線圖

| 月線　▼ | 成交量　▼ | | 加權指數(#001)　最後日期: 2017/01/11 |
2015/10/30 開:8194.3 高:8757.14 低:8170.78 收:8554.31 量:1.8M 漲跌:373.07
MA5 8597.77 ▼　　MA20 9114.42 ▼　　MA60 8388.94 ▲

©Yahoo奇摩股市

量 1835110 ▲　MV5 1907437 ▼　MV20 1923198 ▲

時間長度：約 6 年

月線可以看出台股的長期趨勢是往上還是往下。從 2012 年下半年
起，台股便持續上升，直到 2015 年上萬點才開始下降。在 2016
年初跌到 7,600 點時又開始上升，目前還不知道這個上升趨勢可以
維持多久。

年前的 5 分線圖，不但找不到、也沒有意義。要看 5 年前
的價格，除非你有特殊軟體，否則通常只能看月線圖了。

　　為什麼平平都是加權指數的走勢圖，圖形卻差那麼
多？這是因為圖中代表價格的綠色（或黑色）與紅色 K 棒，

是不同時間點的開盤與收盤價。日線中的每一根 K 棒是用當天的開盤價與收盤價製作出來的，月線中的每一根 K 棒則是以當月第一個交易日的開盤價，與最後一個交易日的收盤價製做出來的（後文會詳細解說 K 棒）。

每根 K 棒都代表多方與空方角力的結果。以週線圖為例，還記得股市的「最後笨蛋理論」嗎？當指數來到 9,300 點的時候，成交量萎縮，為什麼股價會下跌呢？因為許多投資人都覺得漲得差不多了，再繼續漲的機率不高，便會避免進場買股票，以免成為最後一個笨蛋。此時許多人想賣卻較少人想買，成交量自然高不起來。這種情況代表空方（認為不會繼續漲）的人壓倒多方（認為會繼續漲）的人。

我們可以說，**技術面眼睛看的是價格，心裡想的是市場**。價格會透露出許多訊號，顯示出多空方角力的結果，讓投資人可以判斷，接下來會是空方勝（價格走跌）還是多方勝（價格上揚）。

趨勢盤整別交易 型態認 M、W 找轉折

要怎麼判斷是空方勝利還是多方勝利？前面的圖我畫了好幾個箭頭，有些箭頭上上下下，形成 W 形狀。這些箭頭就叫做趨勢線（Trend Line）。

比較嚴謹的趨勢線畫法，是每一波浪頂部最高點或每一谷底最低點之間的連線，通常趨勢線連接的點越多，趨勢越可靠。

趨勢可能上升、下降或橫向發展，對應到股市上，就是上升趨勢、下降趨勢與盤整期。

· **上升趨勢線**是連接一波波低價間的直線，又稱為「壓力線」，意即在此價格線附近，投資人具有相當高的賣出壓力，也就是很多投資人都害怕成為最後一個笨蛋，不願進場或趁高點賣出持股。

· **下降趨勢線**則是連接一波波越來越低的高價所組成的直線，又稱為支撐線，意即在此價格線附近，投資人具有相當高的買進意願。下降趨勢線對判讀進場時機非常重要，當你發現某一檔股票跌到某個價位，就再也跌不下

去，代表下降趨勢已經結束，是可以買進的價位（但買進後可能會碰到盤整期）。

· **橫向發展的盤整期**，簡單來說就是，當你看不懂現在是上升還是下降趨勢，那就是盤整。大部分高手都會避免在盤整期進行交易，因為**高手之所以是高手，是因為懂得保護本金，而不是自以為看得懂**。等到股價趨勢變得明確之後再進場，比較不容易碰到虧損。從圖 4-3 的加權指數週線圖可以看出 2016 年下半年以來，台股進入盤整期。

用型態看買賣的訊號

股市裡有一門學問，叫作「型態學」，最基礎的就是分辨 M 頭、W 底、頭肩頂與頭肩底等用來判斷多空轉折的型態。

「頭」代表股價位在相對高點，「底」代表股價位在相對低點，兩個折返點所連成的線稱為「頸線」，頸線以上 M 形的兩個高點稱為「左右肩」，頸線以下 W 底的兩個低點稱為「左右腳」。「M 頭」代表多頭結束，為賣出訊號；「W 底」則代表空頭結束，為買進訊號。

請先看下圖，認得圖形後，再進一步解說。

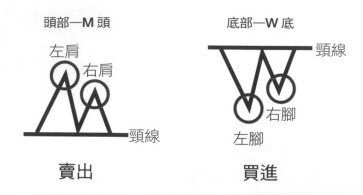

M 頭是賣出訊號

　　M 頭通常發生在股價波段的高檔，當股價處於圖 4-5 中 ❶ 階段時，代表股價創新高。當股價從 ❶ 跌落到 ❷ 後反彈，❷ 的位置便是頸線。當股價又漲到 ❸ 的高點時，就代表 M 頭成型，等到 ❸ 從高點跌破頸線，也就是 ❹ 的位置，就是賣出持股的訊號。

　　此外，此種線型必須和成交量一起看會比較準確，通常左肩的成交量大於右肩的成交量時，跌破頸線的力道會比較強。

　　以台灣 50（0050）的週線圖為例，在 2014 年 7 月到 11 月期間形成了明顯的 M 頭，左右兩肩之間的低點 65 元價位成了頸線。跌破上升趨勢線的價位在 68 元，之後就一路跌到 63 元才止跌回升（見圖 4-7）。

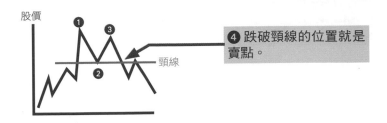

圖 4-5　M 頭賣點判讀

股價

❹ 跌破頸線的位置就是賣點。

頸線

W 底是買進訊號

　　W 底剛好反過來，先在圖 4-6 ❶ 的左腳位置股價創新低，反彈到高點 ❷ 後形成頸線，之後又跌到第二個低點 ❸，買點便出現在股價突破頸線之後。

圖 4-6　W 底買點判讀

股價

頸線

❹ 突破頸線的位置就是買點。

以下以台灣50與聚陽（1477）為例，說明M頭與W底。

圖 4-7　台灣 50 週線圖的 W 底

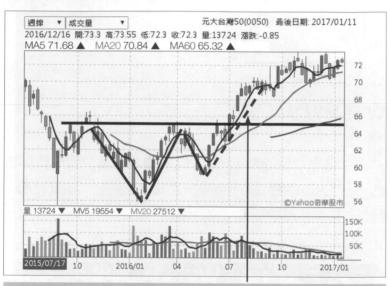

從這張圖可以看見，這是一個形狀標準的 W 底，且右腳價位高於左腳，表示市場可支撐的價位逐漸墊高，在最後一個上升趨勢線（虛線）的價格突破 65 元頸線附近是買進訊號，若於 65 元買進後持有到現在的 70 元，報酬率為 7.7%。

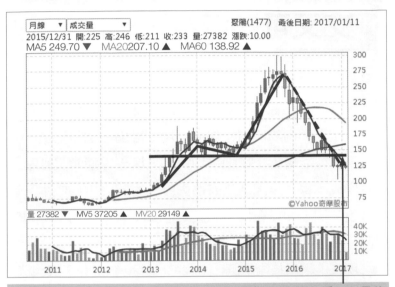

圖 4-8　聚陽月線圖的 M 頭

從這張圖可以看見頭部非常明顯，但右肩價格高於左肩。在最後一個下降趨勢線（虛線）突破 150 元頸線附近是賣出訊號，假設之前買在 M 頭開始的 100 元，在 150 元賣出，報酬率為 50%；若是買在更早的 75 元附近，報酬率為 100%。

均線排列順序能看趨勢 交叉可知轉折

「移動平均線」（Moving Average, MA，簡稱均線）是把一定期間內的股價相加並平均，得出一個平均值，連接起來，就能畫出「移動平均線」，這條線通常又被稱為「平均成本線」，因為代表過去股民的買股平均成本。也就是說，如果你買在均價的話，至少股價買得比一半的股民便宜。

現在上網看技術線圖，電腦都已經幫你畫好 3 條均線：

MA5	代表一週5個交易日的收盤價平均值，也稱為**週線**。
MA20	代表一個月20個交易日收盤價的平均值，也稱為**月線**。
MA60	代表3個月60個交易日收盤價的平均值，也稱為**季線**。

要看多空趨勢時，新手可以看這 3 條線的高低排列順序，當順序由高到低依序是 MA5>MA20>MA60 時，代表週線股價高於月線，月線股價又優於季線，便是「多頭趨勢」。

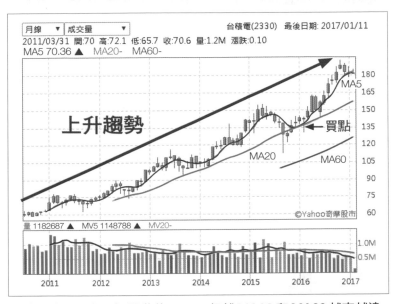

圖 4-9　台積電月線圖呈上升趨勢

台積電（2330）股價緊黏著 **MA5**，但離 **MA20** 和 **MA60** 越來越遠，且 3 條線都呈現向上趨勢，代表儘管購買成本不斷墊高，投資人還是繼續搶進。

　　在多頭趨勢時，有些專家會建議「回檔時是買點」，但回檔怎麼看？以圖 4-9 的台積電為例，當週線碰觸到月線的 135 元時買進，持有到 2017 年 1 月的 180 元，報酬率為 33%。

　　反之，如果 3 條線依次是 MA60>MA20>MA5 的話，
那就是季均價高於月均價、月均價又高於週均價，代表股
價越走越低，近期股價呈現「空頭趨勢」。圖 4-10 可以看
見宏達電（2498）長期以來呈現空頭趨勢。

圖 4-10　宏達電月線圖呈下降趨勢

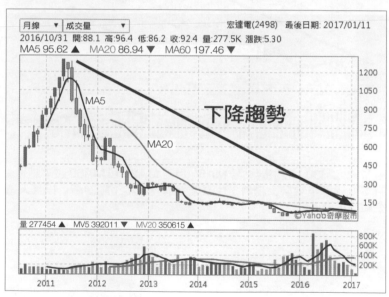

宏達電股價一樣緊黏著 MA5，但低於 MA20 也遠離 MA60，且 3
條線都呈現向下趨勢，代表儘管購買成本不斷降低，投資人還是購
買意願低落。在空頭趨勢時，如果碰到週線碰觸月線並不是買進訊
號，因為趨勢還是下降的。

　　如果3條線不但相近又糾纏在一起，代表股價處於「盤整期」。「盤整」說穿了其實是走勢太亂、推測不出趨勢，乾脆說股價正在「整理」，其實就是股價很亂、看不出所以然的意思。

圖 4-11　聚陽日線圖呈盤整趨勢

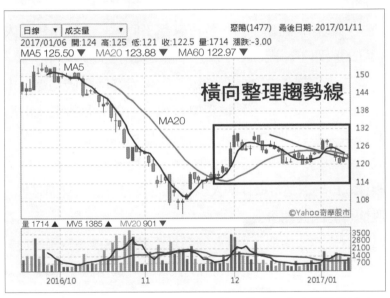

從圖4-11可看見，聚陽的3條均線不像台積電和宏達電這般清爽，而是糾結在一起。這種沒人看得懂的時候，不要進場最聰明。

股價轉折，看黃金交叉與死亡交叉

均線也有支撐與壓力。當股價走勢突破 MA 值，代表股價產生了「支撐」，表示市場不願看到股價跌破某個價位，這種突破就稱為「黃金交叉」。但如果近期買進成本高，股價又跌破 MA，一旦股價反彈，也容易在 MA 值附近形成「壓力」，這種跌破就稱為「死亡交叉」。

均線如何運用，每一位專家都不同，一方面是每個人偏好的股票不一樣，一方面是每個人使用上的經驗不一樣。投資達人羅威曾在〈站上均線，未來看好；跌破均線，未來看衰〉一文中說，**均線走勢有很大一部分是投資人的心理因素**，假設股價由下往上突破 6 日均線產生黃金交叉，表示這 6 日以來交易的人都賺錢，可能乘勝追擊再加碼；根據 6 日均線進行操作的人也可能認為有上漲希望而進場，股價可能因此翻漲上去。

財經作家廖繼弘在《廖繼弘教你技術指標選對賺錢股》（智富，2013）中，說自己最常以「月線」跟「季線」來掌握中期多空趨勢。如果月線突破季線，季線又上揚，就是股價強勢反彈的徵兆，也就是「黃金交叉」；反之，如果股價跌破月線、甚至進一步跌破季線，就會形成「死亡交叉」，代表中期整理的時間會比較漫長。

這並不是說黃金交叉或死亡交叉一定要是月線或季

線，如果你看的是短期趨勢，看週線與月線也可以；更長的趨勢，有些軟體甚至能看到半年線甚至兩年線。重點是交叉的點是價格突破還是價格跌破。

我個人只看 120 日線，也就是半年的平均成本線，對於股價處於上升趨勢的股票，必須耐心等很久，才能等到一、兩次股價碰到半年線。如果能買到的話，那幾乎不必擔心買進後股價會下跌，如果繼續跌我也會多買幾張。

圖 4-12　用半年線操作國泰金範例

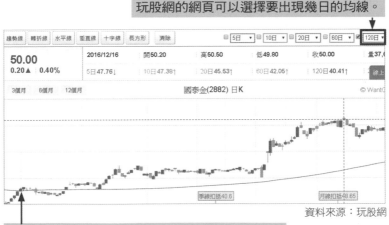

玩股網的網頁可以選擇要出現幾日的均線。

資料來源：玩股網

以國泰金（2882）價格突破 MA120 的 37 元買進的話，持有到現在的 50 元，報酬率為 35%。

葛蘭碧八大法則
觀察股價與線的關係

　　葛蘭碧八大法則，是觀察股價與線的關係，包括股價穿越均線的方式、兩者乖離的程度等，研究出一套買進賣出的訊號，發明者葛蘭碧認為，股價波動儘管表面看似雜亂無章，但總是會跟著均線的趨勢走。當價格偏離均線，未來一定會朝某個方向修正，所以只要發生偏離，就會產生買賣訊號。

　　詳細情況請見圖 4-13，紅色是均線，黑色是波動的股價，1、2、3、4 是買點，5、6、7、8 則是賣點。

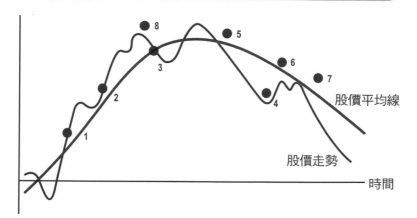

圖 4-13　葛蘭碧八大法則

1	當均線從下降趨勢逐漸轉變為走平或上升時，而股價從下方突破均線，即是買進訊號（也算是一種黃金交叉）。
2	均線持續上揚，儘管股價一度跌到平均線下，但很快又回到平均線上，表示股價站在多方，是買進訊號。
3	股價連續攀升，遠離平均線後突然下跌，但未跌破均線價格，便再度反彈上升，亦可視為買進訊號。
4	股價突然連續暴跌，跌破均線外還遠離均線往下，一旦開始反彈上升又趨向於均線時，亦為買進訊號。
5	均線從上升趨勢逐漸轉變成走平或下跌趨勢時，股價從上方跌破均線往下降，為賣出的訊號（也算是一種死亡交叉）。
6	均線連續下降，股價一度上漲至平均線上，但很快又下跌至平均線時，表示股價站在空方，是賣出訊號。
7	股價低於均線，下跌後朝均線上漲，但未能突破均線便反轉下跌，為賣出訊號。
8	雖然股價位於均線上方，而且不斷上漲偏離均線，代表短期漲幅已高，可獲利了結。

我們以台灣 50（0050）來驗證這個買賣訊號的報酬率如何。請見圖 4-14。在上升趨勢的這一段，股價在買點處突破 MA20，價格為 62.6 元（根據葛蘭碧法則 1）。

隨後股價一路上揚，而且股價離 MA20 越來越遠，直到上升趨勢開始走平後、股價跌破均線時出場，則成交價為 70.4 元（根據葛蘭碧法則 5），報酬率為 12.4%。

圖 4-14　葛蘭碧法則操作範例

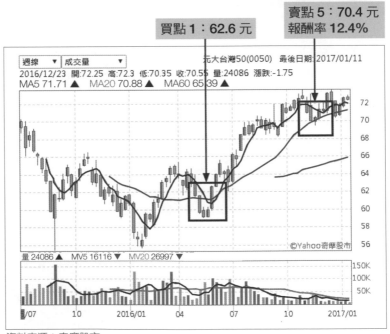

資料來源：奇摩股市

一個 K 棒看顏色與形狀 透露多空勢力

K 棒看起來很複雜，但其實只要掌握重點，不管是什麼形狀的 K 棒，你都能馬上了解其道理，更何況新手也沒必要一根一根慢慢研究。而且重點很簡單，只有以下 3 個。

1. 看顏色

看 K 線首先要認顏色：當新聞說股市一片慘綠，那就是跌得慘兮兮；當新聞說股市收紅，就代表股價上漲。同理，紅色 K 線代表上漲，綠（或黑）色 K 線則代表下跌；上漲或下跌（顏色是紅或黑）是跟前一個交易日的收盤價比較而來的。

不過，一開始綠色 K 線都是以黑色標記的，現在因為資訊科技發達，我們在網頁上看到的黑 K 才會都是綠色，也因此常看見 K 線顏色為綠色，卻被稱為「長黑」的情況。讀者只需記住，無論黑色或綠色，都是代表下跌的意思。此外，由於 K 線又叫陰陽線，所以紅 K 線又叫陽線，綠或黑色的 K 線又叫陰線。

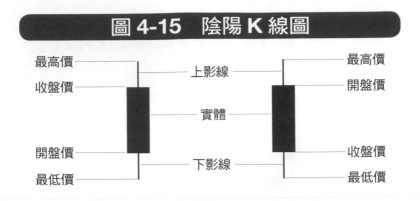

圖 4-15　陰陽 K 線圖

2. 看形狀

　　從圖 4-15 可以看見，紅 K 跟黑 K 最大的差別是收盤價與開盤價的位置正好相反，這是因為紅 K 代表收盤時股價高於開盤價，黑 K 代表收盤時股價低於開盤價。而上下影線則表示盤中曾經有多方或空方把股價買上去或賣下來，但最終股價還是回到收盤價，因此，不管是紅 K 還是黑 K，實體越長代表多方（收紅）或空方（收黑）的力道越強勁，實體越短表示收盤價與開盤價價差縮小，表示多空交戰勢均力敵。

　　當實體消失（收盤價＝開盤價），只剩上下影線，通常就代表多空方快要形勢逆轉了。反之，若是沒有上下影線，則代表開盤與收盤分別就是最高價與最低價，通常這代表多空勢力誰高誰低非常明確。

　　我們就來看看知名的川普 K 棒，請見圖 4-16。在川普尚未宣布當選、但已拿下多數州的選舉人票這一天（2016年 11 月 9 日），台北股市出現一根超誇張的 K 棒，一天跌掉 274 點。前面的 9 月 19 日則是出現一根沒有上下影線的紅 K 棒，這一天漲了 250 點。沒有實體的十字線則是像圓圈裡的 K 棒那樣，因為開盤與收盤都是 9,307 點，等於多方與空方打了一仗後宣告平手。

圖 4-16　台股日線圖中的特殊 K 棒

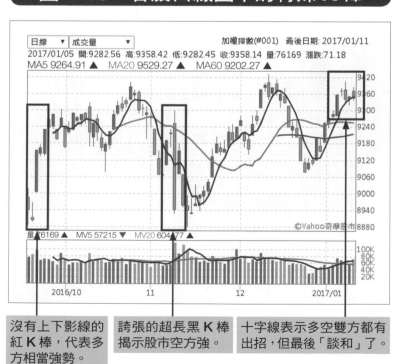

沒有上下影線的紅 K 棒，代表多方相當強勢。

誇張的超長黑 K 棒揭示股市空方強。

十字線表示多空雙方都有出招，但最後「談和」了。

165

3. 看出背後的多空交戰意涵

　　了解以上的形狀判讀原理後，再來看圖 4-17 會更清楚。當你以收盤價為界線來看 K 棒，則收盤價上方是空方勢力，收盤價下方為多方勢力，上影線代表多方所能攻到的最高價位，下影線則是空方勢利到達的最低價位。這樣看 K 線，可以看出當天多空勢力的強弱。

圖 4-17　用收盤價判讀多空勢力

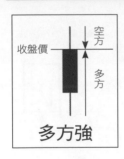

多方強

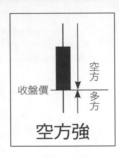

空方強

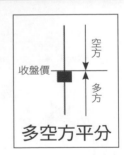

多空方平分

　　掌握以上重點後，以下 10 組 K 線的基本形態可記可不記，我也沒有記起來。我覺得新手只需了解報章雜誌的技術面資訊大概在講什麼就可以了。

表 4-1　K 線的 10 組基本型態

K線型態	說明
長紅	
	定義：價格開低走高，且開盤價與收盤價價差幅度達4.5%以上（目前一天的漲跌停幅度是10%），而且沒有上下影線，即使有，也必須非常小。 說明：**代表當天多方強勢，買盤積極。**
長黑	
	定義：價格開高走低，且開盤價與收盤價價差幅度達4.5%以上，沒有上下影線，即使有，也必須非常小。 說明：**代表當天空方強勢，賣壓積極。**
含上影線的中、長紅K線與含上影線的中、長黑K線	
	紅色： 1. 紅K線實體達2.5%以上，上方留有上影線，但上影線不能大於實體，形狀就像蠟燭一樣。 2. 紅蠟燭代表當天是多方強，但在多方向上攻擊時遇到賣壓，代表**多方無法把股價留在最高點，被空方壓回而留下上影線。**
	黑色： 1. 黑K線實體達2.5%以上，上方留有上影線，但上影線不能大於實體。 2. 黑蠟燭代表當天是空方強，開盤後雖然股價一度上漲，但因為空方力道強勁，股價一路下跌到最低價收盤。**當出現黑蠟燭時，無論在空頭或多頭，都是相當弱勢的表現，要注意多頭可能止漲，空頭還會繼續下跌。**

K線型態	說明
含下影線的中、長紅K線與含下影線的中、長黑K線	
	紅色： 1. 紅K線實體達2.5%以上，下方留有下影線，但下影線不能大於實體。 2. 代表當天是多方強，但開盤後曾經跌破平盤下殺，最後由多方拉回到最高點收盤。K線達人朱家泓提醒，**如果股價已在高檔，看到這種K線，要注意股價不漲或下跌的訊號。**
	黑色： 1. 黑K線實體達2.5%以上，下方留有下影線，但下影線不能大於實體。 2. 代表當天是空方強，開盤就是最高點，之後一路走跌，但跌到一定程度後有多方的抵抗力量，拉升回到收盤價，因而留下下影線。**這種K線型態在多頭是止漲的訊號，在空頭是繼續下跌的訊號。**
鎚子線與吊人線	
	定義：下影線很長，至少是實體的兩倍。小的實體在上方，無論實體是紅K或黑K，只要實體在上漲的頂端就是吊人線，在下跌的低點就是槌子線。 說明： 1. 吊人線：**在高檔，代表多方上漲勢力受阻**，盤中跌破開盤，最後的收盤接近開盤價。 2. 槌子線：**在低檔，代表空方有止跌現象**，下跌到最低點後出現向上拉升的多方力量，最後將收盤價拉到接近開盤價。
倒鎚線	
	定義：上影線很長，至少是實體的兩倍。小的實體在下方，實體是紅K或黑K皆可。 說明： **1. 在多頭上漲或反彈的走勢中出現倒鎚線，是股價向下轉折的訊號。** **2. 在走勢向下時出現倒鎚線，是股價向上轉折的訊號。**

K線型態	說明
短紡錘線與長紡錘線	
	定義： 短紡錘線：實體是中長紅或中長黑，有上影線與下影線。 長紡錘線：上下影線很長，至少是實體的兩倍，小的實體在中間，不分紅K、黑K，也不管實體在上漲的頂端還是下跌的低點，都稱為長紡錘線。 說明： 1. **無論紅K或黑K，出現短紡錘線，都代表當天不是一面倒的多方強或空方強。**出現長紡錘線時，代表當天多方與空方拉鋸激烈，但最後雙方打成平手的局面。 2. 如果**長紡錘線出現在高檔，代表多方上漲出現很多壓力，導致漲勢受阻，最後回到接近原點。** 3. 如果**長紡錘線出現在低檔，代表下跌出現很大的抵抗，有止跌的現象。**
天劍線與蜻蜓線	
  	定義： 天劍線：上影線很長，至少是實體的兩倍以上，實體很小甚至沒有，下影線很短。不分紅K、黑K，在上漲的頂端或下跌的低點，都稱為天劍線。 蜻蜓線：下影線很長，至少是實體的兩倍以上，實體很小甚至沒有，上影線很短。部分紅K、黑K，在上漲的頂端或下跌的低點，都稱為蜻蜓線。 說明： **1. 在高檔時，天劍線與蜻蜓線是轉折向下的重要訊號。** 高檔出現天劍線，代表多方上漲遭受極大壓力，當天股價變動劇烈，儘管盤中一度向上最後卻回到接近開盤或收盤的價位。高檔出現蜻蜓線，代表開盤後空方下殺到最低點，雖然最後拉回到接近開盤或收盤價，但多方的力量很小，多頭已出現空方下跌的力量。 **2. 在低檔時，天劍線與蜻蜓線是轉折向上的重要訊號。** 低檔出現天劍線，代表開盤後多方在盤中衝到最高價位，雖然最後拉回到接近開盤或收盤價，但空頭已經出現多方力量。低檔出現蜻蜓線，代表空方的下跌勢力遭受有力的抵抗，當天股價變動劇烈，盤中一度下跌到最低點，但在多方力量的支撐下，最後拉回到接近開盤或收盤的價格。

K線型態	說明
T字線與墓碑線	
	定義： T字線：開盤價與收盤價相同，沒有實體棒，盤中下跌到最低點，最後收盤拉回到開盤價。 墓碑線：又稱為倒 T 字線。開盤價與收盤價相同，沒有實體棒，盤中上漲到最高點，最後收盤拉回到開盤價。 說明： 1. **在線圖高檔，T 字線與墓碑線是轉折向下的重要訊號。**T 字線代表多方開盤後就一路下跌，雖然收盤時拉回到開盤價，但也顯示多方無力上漲，才會在盤中出現空方下殺的力量。墓碑線則代表開盤時多方一度上漲，但遭受到很大的壓力，使得當天的漲勢受阻，最後回到開盤價。 2. **在線圖低檔，T 字線與墓碑線是轉折向上的重要訊號。**T 字線代表空方開盤後就一路下跌，但是出現多方向上的力量，因此收盤時拉回到開盤價。墓碑線代表開盤時多方一度上漲到最高點，雖然最後被拉回到開盤價，但也顯示空方已經無力再下跌，盤中才會出現多方上漲的力量。
一字線與十字線	
	定義： 十字線：看盤與收盤價相同，沒有實體棒，上影線與下影線幾乎等長。 一字線：當天的開盤價、收盤價、最高價與最低價都是同一價位，表示當天是漲停板或跌停板。 說明： **十字線表示當天多空雙方勢均力敵**，無論出現在股價高檔或低檔，都可視為當天多空雙方的休戰。多頭可能次日繼續上漲，空頭可能次日繼續下跌。

KD 值找買賣點，小於 20 就買，大於 80 就賣 ↗

　　我個人經常使用月 KD 值來作為進場指標，是因為看到《今周刊》報導過台灣 50 操作達人施昇輝，他只看大盤的日 K 值，K 值小於 20 就進場買，K 值大於 80 就賣出，根據施昇輝概算的結果，除了 2014 年投資報酬率出現 -4.15% 以外，從 2003 到 2013 年，最高投資報酬率高達 75%，最低也有 10%；若以年度最低價買進，投資報酬率更曾高達 160%，最低也有 45%。

　　KD 隨機指標（Stochastic Oscillator）的 KD 值永遠都介於 0 ～ 100 之間，是目前證券市場最主流的技術分析工具，自從 1957 年美國人發明了 KD 指標以來，這個指標已經被廣泛運用了近一甲子。

　　其原理是先找出近 9 個交易日中，最高價與最低價的價差幅度，再算出當日收盤價與最低價之間的價差幅度，得到「未成熟隨機值」（RSV, Raw Stochastic Value），其公式如下：

$$RSV = \frac{今日收盤價-最近9天最低價}{最近9天最高價-最近9天最低價} \times 100$$

　　你可以看出，這也是一種尋找支撐價與壓力價的概念——當股市處於多頭，收盤價會靠近最高價，RSV 值會不斷上升，而當股市處於空頭，收盤價則會靠近最低價，RSV 值也會向下發展。由於市場投資人總是追高殺低，RSV 值的高低便可以告訴你現在市場處於什麼狀態，**要是大家都在追高，你就可以逢高出場；要是大家都在殺低，就是逢低承接的好時機。**

　　可是 RSV 的波動程度遠大於價格，於是又設計出 K 值與 D 值來使指標平滑，以減少許多「假訊號」。K 值是取 RSV 的加權移動平均：當日的 RSV 占 1/3 權重，過去的 K 值占 2/3 權重；D 值是取 K 值的加權移動平均，當日 K 值占 1/3 權重，過去的 D 值占 2/3 權重（見以下公式）。D 值因為經過兩次平滑速度較慢，因此是「慢速移動平均值」，K 值則是「快速移動平均值」。

$$今天的KD值 = \frac{2}{3} \times 昨天的KD值 + \frac{1}{3} \times 今天的RSV$$

$$今天的D值 = \frac{2}{3} \times 昨天的D值 + \frac{1}{3} \times 今天的K值$$

在研判技巧上，當 K 值大於 D 值（K 線向上突破 D 線的黃金交叉），代表股價處於上升趨勢，為買進訊號；相反的，當 K 值小於 D 值（K 線向下突破 D 線的死亡交叉），代表股價傾向下跌，為賣出訊號。

投資人要注意的是，運用 KD 值時不要只注意 K 值與 D 值是否交叉，還要看交叉位置是在高點還是低點，須在 80 以上、20 以下，訊號最準確。不過這項標準不適用於台積電，因為台積電近年 KD 值都在 50 以上，很難用 KD 值找買點。

用 KD 值找買賣點，20 天獲利 3.4%

台灣 50 投資達人施昇輝只看 K 值，K 值小於 20 時大舉進場；K 值大於 80 就賣出，根據他的經驗，K 值從 2008 年至 2015 年，除了 2015 年 8 月股災，其餘時間都十分準確，並曾於受訪時表示，「即使因股災慘遭套牢，經過每年的配息，長期來看還是獲利的。」

我們就以台灣 50 為例，來看 KD 值有沒有這麼準。在奇摩股市個股的技術分析頁面，把成交量改成 KD，就會出現不同於成交量的曲線圖，藍色線是 K 值，橘色線是 D 值。

假設投資人在 2016 年 12 月 22 日 K 值 13.13 時，以

70.08 元買進，在 2017 年 1 月 5 日 K 值 86.16 時以 72.5 元賣出，持有天數不到一個月，投資報酬率就有 3.4%，看起來不怎麼樣，但已經比定存好太多。

圖 4-18　用 K 值買賣台灣 50 範例

將技術指標從成交量改成 KD 值就會出現下面的曲線圖。

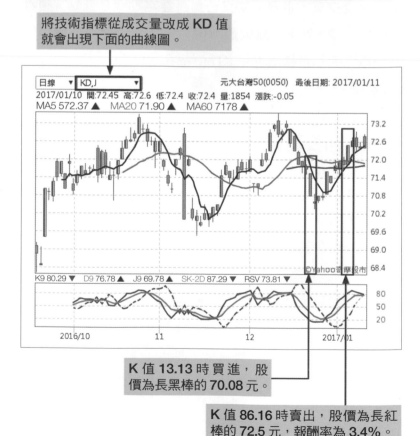

K 值 13.13 時買進，股價為長黑棒的 70.08 元。

K 值 86.16 時賣出，股價為長紅棒的 72.5 元，報酬率為 3.4%。

進階版：看高檔鈍化與低檔鈍化

KD 值中的 K 值，連續 3 根站在 80 上方就是「高檔鈍化」，高檔鈍化是強勢上漲中的股票，股價不容易下跌。因此，當個股出現 KD 高檔鈍化時並不是賣點，反而是短線的買點。

相對的，**「低檔鈍化」就是 K 值連續 3 根站在 20 下方**，代表股價尚未出現反彈的徵兆，因此「低檔鈍化」不是買點，反而是股價會繼續下跌的訊號。

台積電的 K 值就經常處於高檔鈍化的情況，連月線（每根 K 棒代表一個月）的 KD 值，都經常處於高檔鈍化的情形。

我會仔細觀察形勢，找個可以達成的目標，而不會好高騖遠。

股神 華倫・巴菲特

圖 4-19　台積電高檔鈍化帶動股價上揚

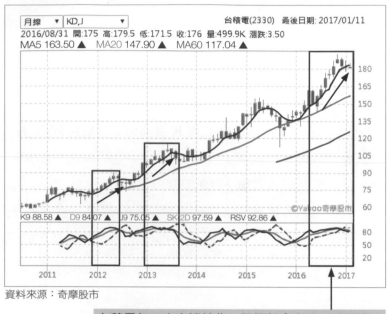

資料來源：奇摩股市

台積電每一次高檔鈍化，股價都會出現一波漲幅。

圖 4-20　聚陽月線圖近期呈低檔鈍化

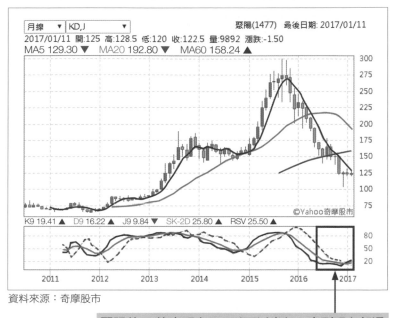

資料來源：奇摩股市

聚陽的 K 值出現在 20 以下近半年，直到現在都還
沒突破 20，但已出現黃金交叉。

RSI 小於 20 代表市場過冷 大於 80 則是過熱

　　RSI 相對強弱指標（Relative Strength Indicator），其原文 Relative Strength 也可解釋為多空雙方的相對力道，其公式背後的原理，是以收盤價的漲跌幅，來計算多空雙方力道的比數。

　　假設有一檔股票 6 個交易日的波動如下，算出每日的漲跌價差後，便可帶入 RSI 公式如下：

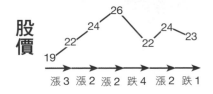

　　從公式可以看出，這個相對強度介於 0 ～ 100 之間，數值越大代表買方的力道越強，因此，RSI 研判進出場訊

號的方式跟 KD 值很像，當 RSI 值低於 20，代表股價處於超賣區，有機會反彈，投資人可逢低搶進；當 RSI 值介於 20 ～ 80 區間，代表交易處於正常區；當 RSI 值高於 80，代表股價處於超買區，隨時會反轉直下，投資人應擇機出脫持股。

　　不過，RSI 跟 KD 值一樣也會出現鈍化情形。**當股市大漲或大跌時，即使價位持續大漲或大跌，RSI 卻只會微幅增加或減少，因此不適用於極端的牛市或熊市。**

　　此外，技術線圖上會看到 5 日、10 日等不同天期的 RSI，這是把 RSI 設成快線與慢線，當 5 日 RSI 突破 10 日 RSI，即黃金交叉；5 日 RSI 跌破 10 日 RSI，則是死亡交叉。

　　總結以上，RSI 最常見的買賣訊號為以下三種：

1. RSI 大於 80 為超買訊號，代表市場過熱。
2. RSI 小於 20 為超賣訊號，代表市場過冷。
3. 黃金交叉時可以買進；死亡交叉時可以賣出。

　　以下，我們一樣以台積電為例，來觀察買賣訊號。

圖 4-21　用 RSI 操作台積電範例

將技術指標從成交量改成 RSI，就會出現下面紅框的曲線與柱狀圖。

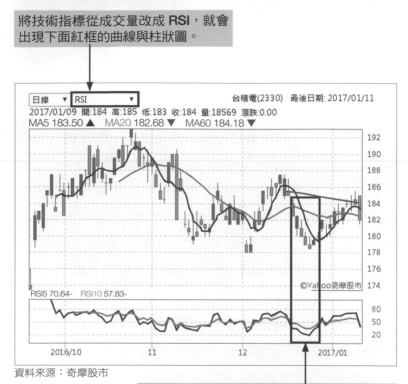

資料來源：奇摩股市

在 RSI 碰觸到 20 時買進，股價為近期低點 178.5 元。而截至 2017 年 1 月 11 日，股價已升至 182 元，帳面報酬率是 2%。

MACD 指標快慢線交叉 表示股價有轉折

MACD 的全名是「平滑異同移動平均線」（Moving Average Convergence Divergence），它以慢線（MACD）作為長期走向參考，快線（DIF）作為短期趨勢參考。

要注意的是，MACD 採用的數據不是移動平均線 MA，而是指數型移動平均 EMA。差別在於 MA 認為每天的股價一樣重要，所以是把每天的股價直接平均，EMA 則認為每天的股價應有不同比重，所以會加權後再平均，這會造成只要某一天的股價漲幅較大，就會影響 EMA 的數值。

快線 DIF 是利用短期與長期的 EMA 相減算出來的，一般短期設為 12 日，長期設為 26 日。MACD 線則是用 DIF 再取一次 EMA，就像 D 值是從 K 值計算出來的一樣。

$$DIF = EMA（12）— EMA（26）$$

12 日指數移動平均線　　26 日指數移動平均線

$$MACD = EMA（DIF, 9）$$

DIF 的 9 日指數移動平均線

　　MACD 指標比 KD 值多出一樣東西是：當快線（DIF）減去慢線（MACD），會得到兩者的 DEF 數值，通常以柱狀體顯示。DEF 的數值在水平線（零軸）以上為正值，在水平線以下為負值。因此，MACD 圖會呈現三種數據：DIF 線、MACD 線與 DEF 柱狀圖。

　　從以上可知，MACD 指標的原理是：當股價上漲時，快線會先反應向上，造成快慢線之間的 DEF 離差擴大，而此時慢線還沿著原先的趨勢移動，就會產生交叉。因此，**使用 MACD 指標，用意在抓住趨勢反轉的時刻。**

　　MACD 也有黃金交叉跟死亡交叉，當快線 DIF 由下往上穿越慢線 MACD 為黃金交叉，代表個股的短期漲勢優於長期漲勢，股價繼續上漲的機會較高，投資人可以尋找買點進場；反之，如果是快線 DIF 由上往下穿越慢線 MACD 則為死亡交叉，代表個股短期漲勢弱於長期漲勢，股價繼續下跌的機會較高，投資人應該盡快賣出持股。

　　此外，DEF 柱狀若正負值交替，也代表趨勢反轉，由負轉正是買進訊號，由正轉負則是賣出訊號。如果 DIF 跟 MACD 都是正值，表示大盤處於多頭走勢；反之，如果 DIF 跟 MACD 都是負值，代表股價處於空頭走勢。

　　以下我們以中信金（2891）為例，來說明 MACD 的買賣訊號。

圖 4-22 　用 MACD 操作中信金範例

將技術指標從成交量改成 MACD，
就會出現下方的曲線與柱狀圖。

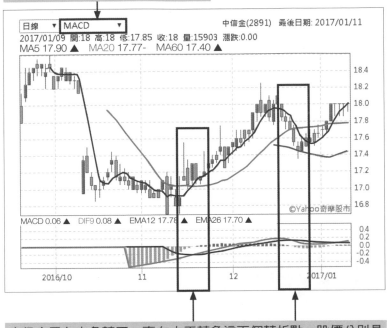

中信金買在由負轉正，賣在由正轉負這兩個轉折點，股價分別是
17.1 元與 **17.55** 元，持有約一個月，報酬率為 **8.7%**。

Chapter

5

散戶媽媽的
實戰經驗分享

前面講了那麼多,到底實際運用上成效如何?以下是我的經驗分享。我會先說明我的選股方法,之後再依個股介紹成效如何,以及所記取的教訓,希望能幫讀者少繳一點學費。

要先聲明,我寫此書用意是告訴大家,身為散戶在努力吸取各種知識後的得與失,而不是要大家完全跟著照做喔。

我的投資 SOP

Step 1 找到好公司，先收進口袋名單
Step 2 用基本面確認它真的是好股票
Step 3 只用少量技術指標判斷股價
Step 4 用買進理由決定停損與停利時機
Step 5 只有反省檢討才有進步空間

10 檔口袋名單與操作心得

華　票（2820）：價格抗跌的入門好股票
國泰金（2882）：目前股價稍高，暫不買進
中信金（2891）：別人恐懼時我貪婪
中華電（2412）：雖抗跌，卻也同樣「抗漲」
台積電（2330）：難等便宜價，但可賺價差
居　易（6216）：交易量小，難買也難賣
茂　順（9942）：好公司，可等待低價進場
卜　蜂（1215）：股價已高，目前不適買進
聚　陽（1477）：殖利率有 6%，漲勢亦可期
群　聯（8299）：目標價是跌破半年線

💰 我的買股 SOP

Step 1 找到好公司，先收進口袋名單

其實就是蒐集「明牌」，**從零開始研究股票，第一件事當然是先蒐集別人已經篩選過的個股。**

我的尋找來源，包括本書已列表整理出來的台股權值前 100 名公司、台灣 50 成份股（以上兩種名單多有重疊）、MSCI 成份股、外資買賣超排行榜（以上兩種算是外資揀過的股票）、達人書裡推薦的（達人書中會明確解釋篩選的方法）、雜誌上介紹的，或是我自己採訪達人時順便研究的，以及本來就耳熟能詳的企業（例如中華電信，代號 2412）。

有一檔股票我印象特別深刻，有一年我因為工作需要，讀了群聯（8299）董事長潘健成的書《為自己爭氣：群聯電子十年 318 億元的創業故事》（天下雜誌，2011），裡面寫到自己的行業很競爭時，講到竹科有一家公司「居易（6216）」，沒有什麼競爭對手，年年穩穩賺錢，不像他們這麼辛苦。結果群聯跟居易都被我納入口袋名單，但因

為群聯實在太貴（250 元左右），最後我買了當時 24 元的居易。

重點是記得**當你覺得「這檔股票應該不錯」的時候，請不要猴急，先把你想進一步研究的個股列成觀察名單，再來觀察他的基本面夠不夠優，畢竟基本面是股價上漲最基本的理由。**

我曾經因為沒有先讓個股放在口袋名單裡先觀察一陣子，覺得既然是好股票何不趕快買進來，結果就套牢了！然後這才發現對這檔股票了解不夠多，只好在股價回檔時趕快先賣掉（非常多散戶會犯的錯）。先放在手機的股票 App 裡，觀察一下價格變化比較不用繳那麼多學費。

以卜蜂（1215）為例，我因為工作之便採訪股市達人，達人建議卜蜂可以買。由於我經常購買好市多的卜蜂去骨雞腿排，心想好市多生意那麼好，感覺這家公司應該也很賺錢吧，而且是業界第二（第一是大成，代號 1210），應該沒什麼問題。

但它後來跌到 21 元，新聞又一直報禽流感在養雞場肆虐，我看到大成也一起跌，實在看不懂到底禽流感對雞肉價格是助力還是阻力，腦波一弱，領完當年股利就賣了，等於不賺不賠。

這是 2014 年底的事，到 2016 年底，卜蜂的股價已經飆漲到 45 元，就算當初我 25 元買貴了，能忍得住不賣，

今年搞不好靠它就可以半年不用工作了啊。這件事給我的教訓就是不要看好就馬上買，一定要先觀察一陣子，看懂再進場。否則別人再好的明牌，到我手上都照樣被套牢。

圖 5-1　卜蜂買賣實例

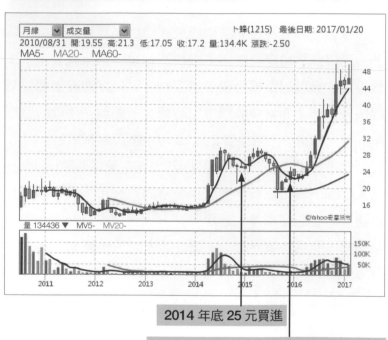

2014 年底 25 元買進

跌到 19 元後，2015 年底回漲到 23 元時賣出。沒賺到後面這一波飆漲的漲幅。

Step 2 用基本面確認它真的是好股票

我的基本面很簡單，通常我會看一下本益比是否在 **15 倍以下、毛利率是否 15% 以上、EPS 是否每年都為正數、現金殖利率是否有 5% 以上**。

以剛才說的居易為例，當我對它產生興趣後，先是查了一下它的本業是製造寬頻路由器，占產品比重 85%。它的毛利逼近 50%，以 2015 年 EPS 為 2.99 元來看的話（2016 年報會在 2017 年 3 月公布），本益比 15 倍是 44.85 元，目前股價才 30 元，本益比只有 10 倍左右。

就股利政策而言，居易連續 17 年都有發放股利，近 5 年平均股利為 1.982 元，以股價 30 元計算，現金殖利率為 6.66%，這樣看起來股價不貴，可以放著等待合適價位進場。

基本面中最需要注意的陷阱是殖利率，有些公司某一年突然發出很高的股利，一定要非常小心，因為新手很容易只用該年的股利去算殖利率，覺得股價划算而買進，最後硬是撐到發股利，卻是因為股價跌到已經賠了價差，只好等股利來減少虧損。

此時必須要強調，**目標很重要。你進場是要賺價差還是賺股利？**先釐清自己想要從股市裡得到什麼，比較不會犯錯。不管是不是新手，應該都希望能賺到股利但不要賠

價差，那就不要去追逐高殖利率股，而忽視其它的基本面條件。

表 5-1　居易的基本面優勢

居易（6216）歷年合併經營績效						
年／季	營收（億）	稅後淨利（億）	毛利（%）	稅後淨利（%）	ROE（%）	EPS（元）
2016 Q1～Q3	8.61	1.86	50.5	21.6	18.2（年估）	2.37
2015	10.9	2.31	48.3	21.2	17.5	2.99
2014	10.3	1.86	46.9	18	15.2	2.43
2013	8.28	1.5	49.1	18.1	13.3	2
2012	8.1	1.13	47.1	13.9	10.1	1.51
2011	8.55	1.29	43.3	15.1	11.6	1.73
2010	9	0.98	43.3	10.9	8.99	1.32
2009	9.67	1.28	37	13.2	11.8	1.72
2008	10.2	1.31	45	16.1	11.4	1.77
2007	7.63	2.29	42.2	22.4	20.1	3.13
2006	7.63	1.14	37.7	14.9	11.8	1.7

❶ 毛利率逼近 50%　　❷ 稅後淨利皆為正數　　❸ EPS 穩定成長

居易近10年股利政策							
發放年度	現金	股票	合計	發放年度	現金	股票	合計
2016	2.58	0	2.58	2011	1.18	0	1.18
2015	2.12	0	2.12	2010	1.55	0	1.55
2014	1.62	0	1.62	2009	1.6	0	1.6
2013	1.35	0	1.35	2008	3.35	0	3.35
2012	2.24	0	2.24	2007	0.99	0	1.48

連續 **17** 年配發股利

Step 3 只用少量技術指標判斷股價

有些股票已經在便宜價以下了，為什麼還要等，不能馬上買進嗎？

這在台股處於多頭的上升階段沒什麼大問題，但我曾經在多頭階段（2015 年上萬點之前）買進股票，有些買在便宜價，有些介於便宜價與合理價之間，但再碰到股市從萬點反轉到 7,200 點之際，再便宜的股票也只會變得更便宜，「便宜」到你會想要停損，免得成天看著股價一直跌心情變很糟。

為了避免自以為撿到便宜卻還是套牢，我後來會使用兩個技術指標，確認股價在相對低點才進場，一是價格是否碰觸 120 日均線，二是 KD 值是否在 20 以下形成黃金交叉。如果兩個條件都符合最好，只有一個也可以。我曾經採訪過一位高人，他說**真正的高手技術指標通常只看一個，絕對不會看好幾個**，所以我也要求自己技術指標以兩個為限。

以國泰金（2882）為例，我便是在股價低於 120 日均線（半年線）時，於在 35 元（2016 年 7 月）買了幾張，但漲到 39 元就賣掉；後來股價維持在 40 元以上好幾個月，到 11 月初才又跌到 39 元，我又進場買（在股市裡，好馬一定要吃回頭草），但 46 元就賣掉，如今漲到 49 塊多、

逼近 50 元，股價遲遲不回檔，只能扼腕每張少賺 3 元。這就是賺價差的侷限，頻繁進出報酬率卻未必比穩穩擺著還要高。

價格是最重要的技術指標

其實最好用的技術指標還是價格，只要觀察價格，就會發現股票跌到某個數字就再也跌不下去，漲到某個數字就再也漲不上去（可參考第 2 章關於柯斯托蘭尼的固執者與猶豫者的說明）。拿台積電為例，目前我的做法是跌到接近 180 元時買進，接近 190 元時賣出。

要怎麼看股價跌到哪個價格後，就怎麼都跌不下去呢？以葡萄王（1707）為例，葡萄王爆出商品更改保存期限的消息後，股價就從 230 元一路跌到 170 元。之後好幾天、尤其是 2017 年開市以來 8 個交易日，幾次跌破 170 元就一定會漲回去，碰到 168 元這個價格就像碰到一堵牆會往上彈，雖然不曉得空方會不會再度展開攻勢，但可以肯定要跌破 168 元，恐怕不太容易。

這樣 168 元就是很有力的支撐價，買在 168 元～ 170 元都算是買在低價位。如果判斷消費者終究會淡忘這件事、葡萄王股價總有一天會重新站上 200 元，此時不失為進場的好時機，因為它的毛利高達 80% 以上。但如果認為公司

誠信有問題，不認同會做出這種行為的經營團隊，也大可不必成為它的股東。

圖 5-2　從線圖看股價支撐

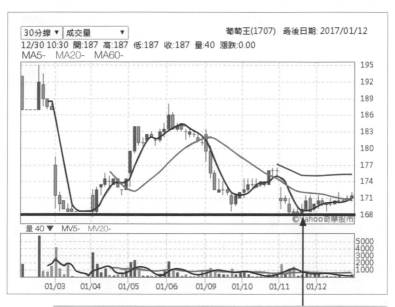

股價跌到 **168** 元就下不去，表示近期股價支撐點在這裡。

表 5-2　葡萄王的獲利能力相當優

葡萄王（1707）歷年合併經營績效						
年／季	營收（億）	稅後淨利（億）	毛利（%）	稅後淨利（%）	ROE（%）	EPS（元）
2016 Q1～Q3	66.6	9.11	87.1	20	38.4（年估）	6.96
2015	72.5	10.5	88.1	21.3	39	8.07
2014	62.8	9.42	88.5	22.1	40	7.24
2013	56.5	8.36	88.4	20.9	39.6	6.42
2012	46.1	6.19	87.3	18.4	32.5	4.75
2011	37.7	4.73	86.4	17.5	27.8	3.63
2010	32.8	4.28	84.1	17.2	26	3.28
2009	28.2	3.79	38.5	17	25.1	2.91
2008	21.1	1.65	38.4	11.5	13.8	1.26
2007	17	1.81	39.5	15	14.7	1.39
2006	14.9	1.5	38.6	14.1	12.8	1.32

葡萄王除了保健食品，康貝特也是旗下品牌，2010 年以後，毛利都維持在 80% 以上，等於營收每 100 元能賺 80 元以上。

Step 4 用買進理由決定停損與停利時機

　　何時該獲利了結或停損，與當初設定的目標有關。如果是想要存股年年領股利，則買進後沒有獲利了結的問題，只有基本面變差之後必須賣出的問題。不管是營業額衰退、或是年年賺錢的公司突然財報出現虧損，只要研究後認定

這不是一時的現象，而是公司賺錢體質變差，就應該出場了，無論此時價位比原先買進時的價位高或低。

如果只是一時的現象，倒是逢低買進的好時機。例如，之前群聯爆出財報作帳的新聞，股價最低跌到 212 元。可惜當時沒有買，否則風波過去，股價就回到 250 元上下，光是價差就能賺到近 40 元。

而如果一開始就是為了賺價差，我設的停損點是報酬率 -8%，真碰到時最重要的是不要硬撐到領股利，否則很可能面臨股利領了 8%、股價卻賠了 25% 的情形。至於何時獲利了結，目前我有幾種情況：

1. 看股價，漲不上去就賣出。
2. 看區間，到某個目標價就賣出。

這兩件事其實是同一件事。以台積電為例，近期股價從 190 元附近高點回檔後，價格就在 180 元～ 186 元之間來來回回，很少跌破 180 元，但是也很少漲超過 186 元。

於是我在跌到 181.5 元時買了一張，隔天跌到 180 再買一張，並打算第 3 天若跌到 179 元再買一張。結果隔天沒跌反漲，就改成觀察它會漲到哪個價位不再漲，當週觀察漲到 186 元漲不動，我就掛 186 元賣掉了。

我買台積電的進場時機，跟兩個技術指標（股價低於

120 日均線或月 KD 值低於 20）都沒有關係，因為台積電的股價長年都遠離 120 日均價線，月 KD 值也長年都在 50 以上。

會成為我的交易標的，是因為台積電的股價 180 元以上，散戶要買進通常會猶豫很久，再加上外資持股 8 成以上，而外資又最常利用它操控台股指數，只要外資買就大漲、外資賣就大跌。但外資自己的持股太多了，無論如何都不會讓價格跌到讓自己受不了。

因此，對我來說，這是一檔非常好操作的股票，外資不管買或賣，出現在買賣超排行榜的機率都很高，所以對我來說，**看到怎麼跌都跌不下去的價格，就是進場的好時機**，等外資歸隊重新加碼台積電、大放利多消息，就是獲利了結的好時機。

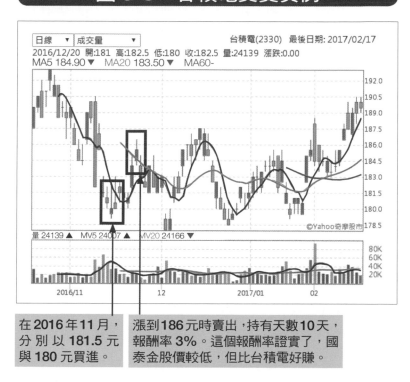

圖 5-3　台積電買賣實例

在 2016 年 11 月，分別以 181.5 元與 180 元買進。

漲到 186 元時賣出，持有天數 10 天，報酬率 3%。這個報酬率證實了，國泰金股價較低，但比台積電好賺。

Step 5 只有反省檢討才有進步空間

在股市不當下一個笨蛋，但也不要以為自己最聰明。

股市裡有一句話說：「**投資不是智商 160 的人打敗智商 130 的遊戲。**」因為個性對投資成果的影響比智商更高，

　　就像前面提過的巴菲特名言：「股市是一個財富再分配的場所——錢會從頻繁進出者的口袋轉到耐心者的口袋裡。」

　　耐心是一種美德，有耐心的人賺的絕對比自作聰明者多。就像台積電，日前我在臉書上看到，原來 2016 年年初，我曾經用 132 元的價位買進！要是當時買了沒因為賺價差而賣掉，以現在 180 元的市價，光價差報酬率就有 36%，但我一定一張賺到 5,000 元就跑了，所以才賺不到一張 48,000 元的價差。

　　但我這麼做是順應自己個性的結果，每個人設定投資目標時，記得要搭配自己的投資性格，比方說我發現自己是手很癢的人，所以才會尋找可以作價差的股票，偏偏作價差的人很容易覺得自己比市場聰明。

　　這個道理看書時都覺得是常識，可是當你買進後股價越來越高，很容易就以為自己的智商也跟著越來越高，覺得自己真是太神了，挑對股票又挑對入場時機。但這種時候其實最危險，因為下跌了你可以認錯停損謙虛再學習，上漲了你可能會愛上這檔股票，捨不得賣而等到有一天股價急轉直下，還是覺得自己很聰明而不肯停損。

　　我相信大部分散戶不肯停損的都是這種股票，你曾經在帳面上看到它的未實現報酬率好高，高得讓人好陶醉，所以當報酬率轉為負值時，選擇不再去看報酬率，結果 10% 能停損的股票抱到報酬率 -90%。新光金（2888）董

事長吳東進就是這樣在 1,000 元買進宏達電（2498）、跌破 100 元才停損的，這一賠就是幾 10 億。

對我來說，**既然在股市裡付了學費，至少要學到東西**。我的方法是記住每次停損或賺不夠多的原因，大部分都跟我的急性子有關：等不到理想低價就買進（沒有確實執行太隨性）、為存股而買進，卻只賺到一點點價差就賣出（沒釐清買進目標是什麼）、只看到殖利率沒看到潛在的價差虧損（被股利吸引沒注意基本面好壞）等等，還有妄想分散風險，最高的時候持有 10 種股票，但以我的本金額度來說根本沒必要。

最後，學習投資就像游泳一樣，聽教練說該怎麼打水、呼吸覺得不難，真正下水後才發現肌肉卻都不聽使喚，肺活量也比想像中差，但只要努力維持正確的游泳姿勢，之後就會漸入佳境。

現在市面上講投資的書非常多，但只有下水了，才知道哪些股票別人買賣會賺但你就是會賠錢。從這個過程中慢慢尋到適合自己投資個性的股票，你在股海裡就能越游越好。希望我的經驗對你有幫助。

⑤ 我的 10 檔口袋名單

以下是我的口袋名單,只有觀察、不曾買進的就不在此列。

華票(2820):價格抗跌的入門好股票

分類	5年平均 現金股利	昂貴價	合理價	便宜價	最新價格	現金殖利率
金融股	0.91	29.12	18.20	14.56	13.05	6.97%

　　華票是一檔價格很妙的金融股,它的收入 58.10% 來自利息收入,38.03% 來自手續費收入;雖然不是持續正成長,但是連續 8 年都有發配股利。在籌碼分布上,董監持股極高,但散戶持有最多,高達 62.08%。

　　照理說存股盛行已經好幾年了,它的持有者又有 5 成以上是散戶,股價波動應該比較大,但它的股價卻很少漲到便宜價以上。我曾在 11 元時買過,領完股利漲到 12 元就賣掉,加上 0.8 元的現金股利,報酬率是 16%。

　　可惜之後一直嫌貴沒再進場過,但其實它一點也不貴,現在 13 元買進,殖利率還是有 6% 以上。比較可能的原因是它股價始終沒再跌回 11 元以下,卻也漲得很慢,從 11 元漲到 13 元花了 4 年時間,眼看其他股票漲得多,就會覺得錢放在華票上賺錢很沒效率,真的只能領股利,賺不了太多價差。但是**對新手來說這是一檔入門的好股票**,一張只要 13,000 元左右,價格也抗跌,不用擔心股價起起落落睡不著。

近10年股利政策			
發放年度	現金	股票	合計
2016	0.83	0	0.83
2015	0.72	0	0.72
2014	0.7	0	0.7
2013	0.8	0	0.8
2012	1.5	0	1.5
2011	0.81	0	0.81
2010	0.86	0	0.86
2009	0.89	0	0.89
2008	0	0	0
2007	0	0	0
※連續8年配發股利			

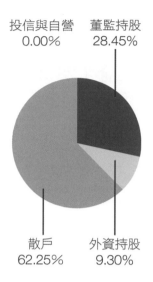

投信與自營 0.00%
董監持股 28.45%
散戶 62.25%
外資持股 9.30%

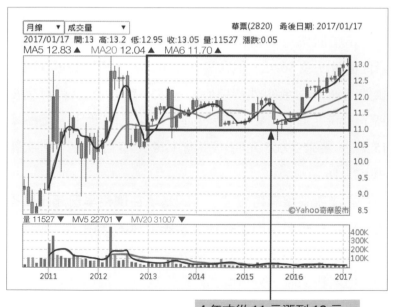

月線　成交量　　　　　　華票(2820) 最後日期: 2017/01/17
2017/01/17 開:13 高:13.2 低:12.95 收:13.05 量:11527 漲跌:0.05
MA5 12.83 ▲　MA20 12.04 ▲　MA6 11.70 ▲

©Yahoo奇摩股市

量 11527 ▼　MV5 22701 ▼　MV20 31007 ▼

4 年才從 11 元漲到 13 元。

國泰金（2882）：目前股價稍高，暫不買進

分類	5年平均 現金股利	昂貴價	合理價	便宜價	最新價格	現金殖利率
金融股	1.34	42.88	26.80	21.44	47.50	2.8%

　　我注意到國泰金，是因為生完小孩後，搬進了一個國泰建設蓋的社區。這個社區有一半是國泰自己管理的學生宿舍，一半是住家。搬進來後我發現這個社區錢都花在刀口上，管理人員比我前一個社區少，做事卻更有效率。加上台北捷運裡的 ATM 都是國泰世華的，便在 2016 年 3 月開始研究這檔股票。

　　這檔股票近年價格波動比華票大，最高曾到 55 元，最低也曾跌破 30 元。但在籌碼分布上，外資持股近 3 成，雖然不像玉山金的外資持股高達 55.41%，也已經算是很高了。我在股價 34.1 元時買進，39.4 元時賣出，報酬率 15.5%。後來 39.65 元時再買進，46 元時再賣出，這次報酬率為 16%。

　　之後我就沒有再買進了，因為**現在價格早已超出昂貴價，我也暫時看不出還有什麼繼續上漲的理由**。日前有分析師說等價格站上 50 元會開始另一波漲勢，或許這是真的，但對我來說，分析師的話聽聽就好，報章雜誌上的免費資訊，有時候挺貴的。

近10年股利政策			
發放年度	現金	股票	合計
2016	2	0	2
2015	2	0	2
2014	1.5	0.5	2
2013	0.7	0.68	1.38
2012	0.5	0.5	1
2011	0.6	0.2	0.8
2010	0.5	0.5	1
2009	0	0	0
2008	2.5	0.5	3
2007	1.5	0	1.5
※連續7年配發股利			

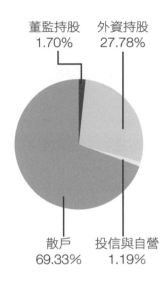

董監持股 1.70%　外資持股 27.78%

散戶 69.33%　投信與自營 1.19%

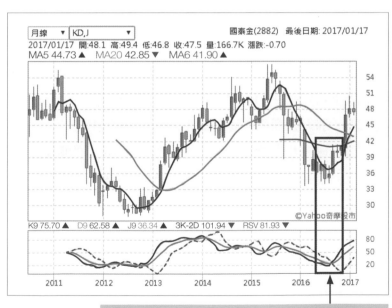

價格低點時，月 KD 也逼近 20 以下的黃金交叉。

中信金（2891）：別人恐懼時我貪婪

分類	5年平均 現金股利	昂貴價	合理價	便宜價	最新價格	現金殖利率
金融股	0.62	19.90	12.44	9.95	17.75	3.5%

　　我因為工作採訪了《6 年存到 300 張股票》（原富傳媒，2015）作者陳重銘老師，而開始注意中信金，不過卻是一直等到 2016 年 6 月 9 日檢調搜索辜仲諒，爆發掏空案這個利空消息時才買進，報酬率 10.43%（大大地感謝陳重銘老師）。

　　當時考量的點是掏空案是 2008 年以前的事，對中信金的基本面現況影響不大，相信股價很快就會反彈而買進。不過我印象很深刻的是，當時臉書上好多人問老師怎麼辦？是不是該把中信金全賣掉？內心深深覺得「別人貪婪我恐懼、別人恐懼我貪婪」是件知易行難的事。

　　最近一季中信金的股價落在 17 元到 18 元的區間，但我手上已沒有任何中信金的股票了，對手癢的人來說存 30 張很容易，300 張很難。

近10年股利政策			
發放年度	現金	股票	合計
2016	0.81	0.8	1.61
2015	0.81	0.81	1.62
2014	0.38	0.37	0.75
2013	0.71	0.7	1.41
2012	0.4	0.88	1.28
2011	0.73	0.72	1.45
2010	0.64	0.64	1.28
2009	0.18	0.32	0.5
2008	0.2	0.8	1
2007	0	0	0
※連續9年配發股利			

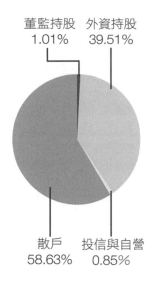

董監持股
1.01%

外資持股
39.51%

散戶
58.63%

投信與自營
0.85%

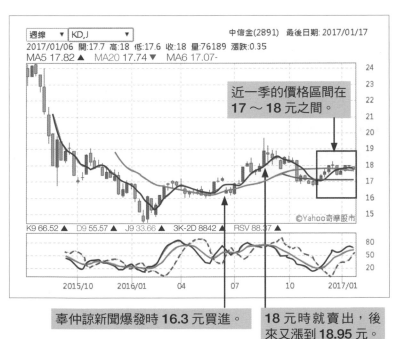

週線 ▼　KD,J ▼　　　　　　中信金(2891)　最後日期: 2017/01/17
2017/01/06 開:17.7 高:18 低:17.6 收:18 量:76189 漲跌:0.35
MA5 17.82 ▲　MA20 17.74 ▼　MA6 17.07-

近一季的價格區間在
17～18元之間。

©Yahoo奇摩股市

K9 66.52 ▲　D9 55.57 ▲　J9 33.66 ▲　3K-2D 8842 ▲　RSV 88.37 ▲

2015/10　2016/01　04　07　10　2017/01

辜仲諒新聞爆發時 **16.3元** 買進。

18元時就賣出，後
來又漲到 **18.95元**。

中華電（2412）：雖抗跌，卻也同樣「抗漲」

分類	5年平均 現金股利	昂貴價	合理價	便宜價	最新價格	現金殖利率
電信	5.14	164.42	102.76	82.21	102.5	5%

　　中華電是標準的牛皮股，大盤漲它不動如山，大盤跌它通常跌幅也有限。從月線圖可以發現，2012 ～ 2016 年間，連續 4 年它的股價都在 95 元到 105 元區間，到 2016 年下半年才突然漲到 120 元，但很快就又回到 100 元上下了。

　　我曾經在 89 元幫父親買過，但幫別人代操很怕賠到別人的錢，所以領完股利後，發現股價從 97 元開始跌，跌到 93 元就趕快賣掉還給父親，報酬率只有 4.5%，加上股利 5.52 元則是 10.69%。但如果能放到今天，不含股利就有 15.17% 的報酬率，可見存不住真的少賺很多。

　　目前我手上沒有持股，但仍在觀察名單裡面。

近10年股利政策			
發放年度	現金	股票	合計
2016	5.49	0	5.49
2015	4.86	0	4.86
2014	4.53	0	4.53
2013	5.35	0	5.35
2012	5.46	0	5.46
2011	5.52	0	5.52
2010	4.06	0	4.06
2009	3.83	1	4.83
2008	4.26	2.1	6.36
2007	3.58	1	4.58
※連續19年配發股利			

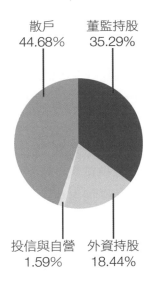

散戶 44.68%

董監持股 35.29%

投信與自營 1.59%

外資持股 18.44%

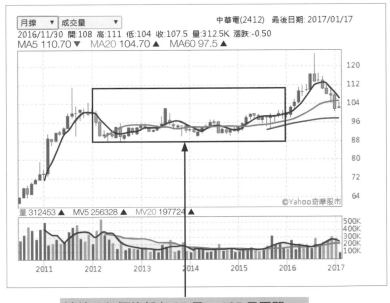

連續 4 年價格都在 95 元～ 105 元區間。

台積電（2330）：難等便宜價，但可賺價差

分類	5年平均現金股利	昂貴價	合理價	便宜價	最新價格	現金殖利率
半導體	3.9	124.8	78	62.4	181	2.15%

台積電是一檔無法以存股概念來看的股票，因為永遠等不到合理價與便宜價。連技術指標也很難判讀買點，因為它的月 KD 永遠都在 50 以上，無法看到 20 以下的黃金交叉。就連均線也等不到價格回到 120 日均線，碰觸到月均線價格的次數也不多。

這樣的價格任何時候買都算便宜、卻也任何時候買都覺得貴，畢竟看著股價圖上它從 60 元漲到 180 元已花了 7 年時間，很難判斷這個成長力道還能維持多久。所以大部分股民年年看著它漲，年年都嫌貴買不下手，也年年扼腕如果當初有買的話現在報酬率有多高。

對我來說這檔股票最好的指標是價格與籌碼。由於外資持股將近 8 成，所以通常價格漲，外資買超排行榜上一定有它；如果價格跌，外資賣超排行榜上也通常有它。所以只要看到價格止跌回升，就是買進的好時機；等到價格漲到某個點再也漲不上去，通常你在報紙上會先看到某某外資看好台積電、調高目標價的新聞，鼓勵投資人買進，之後股價就會開始跌了。

不過通常外資大量賣出時，散戶買不了這麼多，所以

主要是四大基金去承接，看懂外資怎麼操作台積電後，要買在高點機率比較低。

這檔股票我第一次買進是 2016 年初的 132 元，可惜 139 元就賣出，獲利 5.3%，不高，但比擺著領股利好。後來我在川普當選那日又以 182 元買進，187 元賣出，報酬率更低了，只有 2.74%，遠遠比不上從 132 元買進後放到今天的 37.12%。

近10年股利政策			
發放年度	現金	股票	合計
2016	6	0	6
2015	4.5	0	4.5
2014	3	0	3
2013	3	0	3
2012	3	0	3
2011	3	0	3
2010	3	0	3
2009	3	0.05	3.05
2008	3.03	0.05	3.08
2007	3	0.05	3.05
※連續25年配發股利			

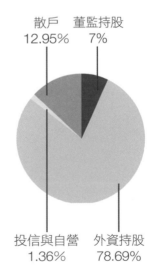

散戶
12.95%

董監持股
7%

投信與自營
1.36%

外資持股
78.69%

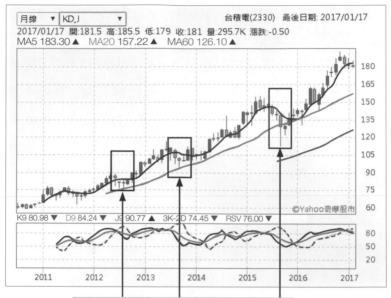

近 5 年價格在月線以下的時間點非常少，季線更是完全碰不到。

居易（6216）：交易量小，難買也難賣

分類	5年平均現金股利	昂貴價	合理價	便宜價	最新價格	現金殖利率
通訊網路	1.98	63.42	39.64	31.71	32.30	6.13%

居易是我觀察名單當中，外資持股比例最低的，它幾乎是一檔完全由內資持股的股票，而且交易量很小，月平均交易量才 195 張。這麼小的交易量，其實有買了不容易賣掉的風險（台積電股價貴 6 倍，月平均交易量卻有 2 萬 4 千張，買這種股票比較不怕想賣賣不掉）。但因為毛利率實在太好，我看了群聯董事長潘建成的書後，在 2015 年 9 月時以 24 元買進，11 月時在 29 元賣出，持有兩個月報酬率 20.08%。

因為交易量太小，所以我的買進賣出價沒有參考技術指標，而是純粹看價格。也因為純粹看價格，所以賣出後一直期待它再度跌回 24 元，結果當然是等不到。這種價格的定錨效應對新手來說影響特別大，會讓新手始終處於觀望心態與後悔沒買的心態之間不斷擺盪。

終於在 2016 年 12 月中時，我又忍不住在 29.5 元時買進，截至寫稿時間為止，盤中價格是 32.3 元，但我還沒打算賣掉。回頭去查新聞，發現是 1 月 10 日公告居易的 12 月營收大幅成長了 48.47%，生意越做越大，難怪 1 月 11 日之後股價越來越高，成交量也比平常旺很多，但是會持

續多久還需要觀察。

　　不過，即便是最新的價格，也只比便宜價貴一些些，如果月營收成長率不是只有一個月如此高成長，那就是搶到更多市占率的表現，屆時應該會再加碼買進。

近10年股利政策			
發放年度	現金	股票	合計
2016	2.58	0	2.58
2015	2.12	0	2.12
2014	1.62	0	1.62
2013	1.35	0	1.35
2012	2.24	0	2.24
2011	1.18	0	1.18
2010	1.55	0	1.55
2009	1.6	0	1.6
2008	3.35	0	3.35
2007	0.99	0.49	1.48
※連續17年配發股利			

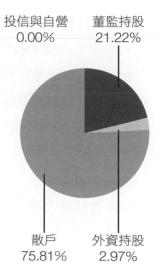

投信與自營 0.00%
董監持股 21.22%
散戶 75.81%
外資持股 2.97%

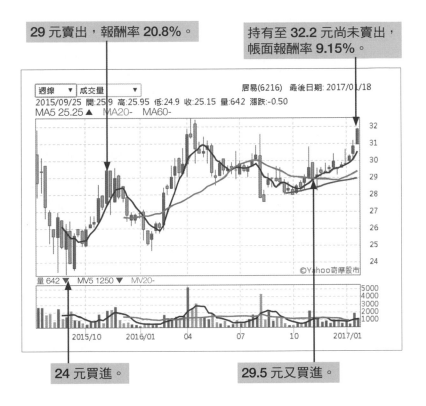

持有至 32.2 元尚未賣出，
帳面報酬率 9.15%。

29 元賣出，報酬率 20.8%。

24 元買進。

29.5 元又買進。

茂順（9942）：好公司，可等待低價進場

分類	5年平均現金股利	昂貴價	合理價	便宜價	最新價格	現金殖利率
橡膠	3.88	124.16	77.60	62.08	82.5	4.7%

茂順是我最早買的股票之一，當時不懂籌碼面也不懂技術面，領到年終時挑了三檔達人介紹過的股票就進場了，但因為持有得夠久，所以 2012 年在 49 元買進，賣在 147 元（最高漲到 152 元），光是價差就獲利 200%，若再加上持有 2 年的股利 8.2 元，報酬率為 217%。

由於持有過程中另外兩檔股票價格持平漲不動，所以很快就被我賣掉了。賣在 147 元時也還不會看價格，只覺得一檔股票能賺到快 10 萬元已經夠了，沒有想過後來它會跌到 68 元低點，現在則是維持在 80 元附近。也因為近期漲不太動，目前我手上已無存貨。

茂順是做油封的，油封是一種機械耗材，汽車與工業都用得到。**我認為這是一家好公司，只是目前價格已高出合理價，所以還是放在觀察名單裡，等待價格變低再入場。**

近10年股利政策			
發放年度	現金	股票	合計
2016	4	0	4
2015	4	0	4
2014	5	0	5
2013	3.2	0	3.2
2012	3.2	0	3.2
2011	3.2	0	3.2
2010	2.8	0	2.8
2009	2.8	0	2.8
2008	2.78	0	2.78
2007	2.2	0.5	2.7
※連續18年配發股利			

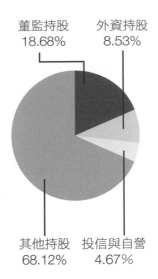

董監持股 18.68%

外資持股 8.53%

其他持股 68.12%

投信與自營 4.67%

2014 年在 147 元賣出，獲利 200%。

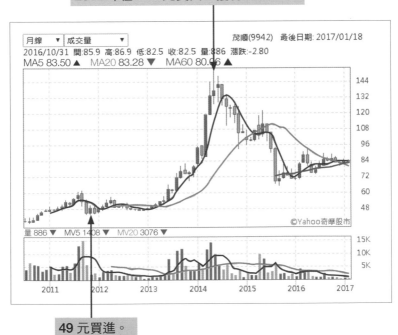

49 元買進。

215

卜蜂（1215）：股價已高，目前不適買進

分類	5年平均 現金股利	昂貴價	合理價	便宜價	最新價格	現金殖利率
食品	0.98	31.36	19.60	15.68	49.25	2%

　　卜蜂是我的慘痛教訓之一，放在口袋名單裡完全是為了時時提醒自己這個教訓。前面說過我買在 25 元，領了 2 元股息，後來跌到 19 元，回到 23 元時我趕快賣，雖說沒賠到，但是看它後頭的股價走勢，以現在逼近 50 元的價格，我等於少賺了 97% 的報酬率。

　　這是我以賣掉茂順後的資金所做的新嘗試，如果說茂順是新手的好手氣，卜蜂就像是一桶冷水澆醒了我，讓我知道對股票認識不夠清楚，就會在價格下跌時以為遇到世界末日，受不了而想盡快脫手。

　　目前我還是經常購買好市多的卜蜂去骨雞腿排，也依然認為這是一檔好股票，否則外資不會持股近 4 成。但是**因為股價已高，等哪一天又出現食品災難事件導致股價大跌，也許就是入場的好時機了。**

近10年股利政策			
發放年度	現金	股票	合計
2016	2	0	2
2015	1	1	2
2014	0.8	0.5	1.3
2013	0.8	0	0.8
2012	0.3	0	0.3
2011	1	0	1
2010	1	0	1
2009	0.7	0	0.7
2008	1	0	1
2007	0.6	0	0.6
※連續10年配發股利			

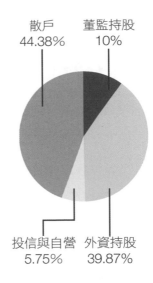

散戶 44.38%
董監持股 10%
投信與自營 5.75%
外資持股 39.87%

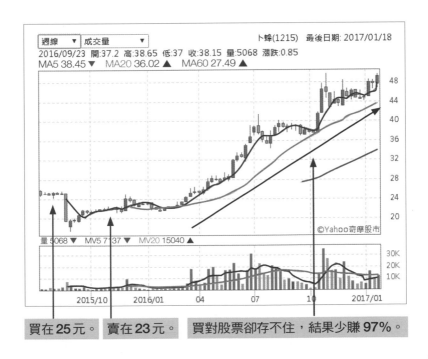

買在25元。　賣在23元。　買對股票卻存不住，結果少賺97%。

聚陽（1477）：殖利率有 6%，漲勢亦可期

分類	5年平均 現金股利	昂貴價	合理價	便宜價	最新價格	現金殖利率
成衣	7.42	237.38	148.36	118.69	212	6.13%

聚陽是我在 2016 年 12 月才納入觀察名單的股票，但我注意這檔股票已經很久了。打從 2014 年起，雜誌便狂推聚陽與儒鴻（1476）這兩檔成衣類股有 2016 奧運題材，因為不喜歡湊熱鬧，所以沒參與到 2015 年 150 元飆升到 300 元的漲幅。不過當時就打算，等到奧運題材過後、股價恢復理性，再來決定要不要買進。

2016 年底為了採訪算利教官楊禮軒，把他的著作《算利教官教你存股利滾利年年領百萬》（智富，2016）先看了一遍，他的書裡也介紹了這一檔股票。此時我看價格，跌到 125 元左右後，好像就沒有在下跌了，KD 值也在 124 元時於 20 附近產生黃金交叉。

之後又聽朋友說起，聚陽直到 2016 年才在搬到台北忠孝東路四段新購置的辦公室，之前都是用租的。我朋友跟聚陽內部的財務人員聊天，他們說因為租賃與置產，在財務報表上會列在不同區位，為了財報好看所以辦公室一直都是用租的。

我聽了覺得**一家可以連續 16 年配發股利的公司，竟然到現在才買辦公室自用，在財務上非常謹慎**，因此在股

價跌到 121 元與 121.5 元時買進，買進後股價並未上漲，不過我打算只要跌到 120 元以下就繼續買進，因為這個價位用 5 年平均現金股利去算，已有 6% 殖利率，加上這 2 年又都有發配股票。

　　隨著人口越來越高齡，我相信各種機能衣到最後會像生活必需品一樣普及，買在奧運後的低點，要是能放 4 年的話，也許下一次 2020 年東京奧運來臨前，又會再有一波奧運題材（非常希望我能擺到那個時候）。

近10年股利政策			
發放年度	現金	股票	合計
2016	9.51	0.35	9.86
2015	7.7	0.35	8.05
2014	7.69	0	7.69
2013	6.14	0	6.14
2012	6.05	0	6.05
2011	4.57	0	4.57
2010	5.17	0	5.17
2009	2	0	2
2008	5.97	0	5.97
2007	4.64	0.49	5.13
※連續16年配發股利			

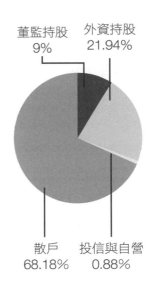

董監持股 9%
外資持股 21.94%
散戶 68.18%
投信與自營 0.88%

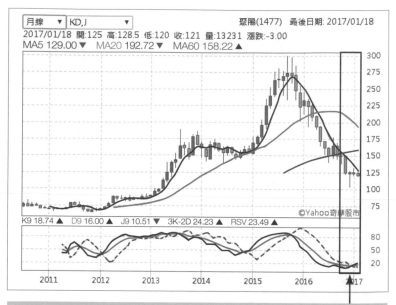

月 **KD** 在 **20** 附近黃金交叉時價位為 **124** 元，我在 **121** 元買進一次，
121.5 元又買進一次。

群聯（8299）：目標價是跌破半年線

分類	5年平均現金股利	昂貴價	合理價	便宜價	最新價格	現金殖利率
電腦及週邊設備業	9.68	309.89	193.68	154.94	249	4%

　　我讀過群聯董事長潘健成的著作《為自己爭氣：群聯電子十年 318 億元的創業故事》（天下雜誌，2011）後，便把這檔股票列入口袋名單觀察股價，但至今還沒有進場買過，因為一張 250 元就要價 25 萬，所以想下手之前都會猶豫好久。

　　最近一次最想買的時間是 2016 年底爆出財報醜聞的時候，股價終於跌破半年線，最低跌到 214 元，可惜我還是嫌貴沒進場，加上是財報醜聞所以更遲疑。結果就是沒賺到這一波高達 20% 的漲幅，但是有了這一次的觀察經驗，下次再跌破半年線就一定會進場了。

　　目前群聯股價從 260 元回檔到 249.5 元，這個價位在季線之下，其實也不算太貴，但殖利率只有 4%，還不如把錢拿去買居易，所以**我會等待再次跌破半年線（目前的半年線是 238.85 元）再進場。**

近10年股利政策			
發放年度	現金	股票	合計
2016	12	0	12
2015	11.2	0	11.2
2014	10.22	0	10.22
2013	8	0	8
2012	7	0	7
2011	4.34	0	4.34
2010	5	2	7
2009	2.83	0	3.73
2008	5.81	1.94	7.75
2007	3.79	2.84	6.63
※連續15年配發股利			

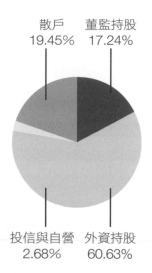

散戶
19.45%

董監持股
17.24%

投信與自營
2.68%

外資持股
60.63%

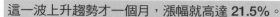

這一波上升趨勢才一個月，漲幅就高達 **21.5%**。

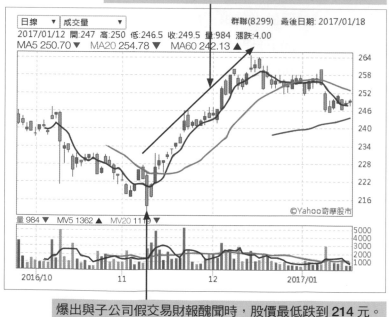

爆出與子公司假交易財報醜聞時，股價最低跌到 **214** 元。

Note

國家圖書館出版品預行編目（CIP）資料

散戶媽媽的 5 堂 K 線存股課／周詩婷著 -- 新北市：大樂文化，2019.07
　　面；　　公分 . --（Money；027）
ISBN 978-975-2800-02-1（平裝）
1. 股票投資 2. 投資技術 3. 投資分析

563.53　　　　　　　　　　　　　　　　　　　　　105024708

Money 027

散戶媽媽的 5 堂 K 線存股課
一出手 10% 獲利，就算下跌也能保本

作　　　者／周詩婷
封面設計／蕭壽佳
內頁排版／江慧雯
責任編輯／許光璇
主　　　編／皮海屏
圖書企劃／王薇捷
發行專員／劉怡安
會計經理／陳碧蘭
發行經理／高世權、呂和儒
總編輯、總經理／蔡連壽
出 版 者／大樂文化有限公司（優渥誌）
地址：新北市板橋區文化路一段 268 號 18 樓之一
電話：（02）2258-3656
傳真：（02）2258-3660
詢問購書相關資訊請洽：2258-3656
郵政劃撥帳號／ 50211045　戶名／大樂文化有限公司

香港發行／豐達出版發行有限公司
地址：香港柴灣永泰道 70 號柴灣工業城 2 期 1805 室
電話：852-2172 6513　傳真：852-2172 4355

法律顧問／第一國際法律事務所余淑杏律師
印刷／科億印刷股份有限公司

出版日期／ 2017 年 3 月 2 日
出版日期／ 2019 年 7 月 1 日 二版
定價／ 300 元（缺頁或損毀的書，請寄回更換）
Ｉ Ｓ Ｂ Ｎ　978-975-2800-02-1